KB116289

탁석산의
공부 수업

탁석산의
공부 수업

공부의 기초부터
글쓰기, 말하기,
독서법까지

탁석산

지음

머리말

    사람이 된 곰이 있다고 합니다. 굴속에서 쑥과 마늘만 먹으며 백 일을 버텨 성공했다고 합니다. 하지만 같이 있던 호랑이는 실패했습니다. 왜 곰은 성공하고 호랑이는 실패했을까. 이 책은 이 질문에 답하고자 합니다. 저는 곰과 호랑이가 한 것이 공부였다고 생각합니다. 즉 환웅이 둘에게 자격시험과 같은 것을 치르게 했고, 곰은 공부를 열심히 해서 붙었고 호랑이는 떨어진 것이 아닌가 합니다. 근거가 있느냐고요? 물론 없습니다. 그냥 제 생각입니다.

    그렇게 생각한 배경은 이렇습니다. 당시 환웅은 세상을 다스리고 교화하고 있었다고 합니다. 즉 세상을 이롭게 하려고 가르치고 있었는데, 혼자서는 힘드니 제자를 두려 한 것으로 보입니다. 이에 곰과 호랑이가 자기가 제자가 되고 싶다고 간청한 것이지요. 그런데 아무나 제자가 될 수 있는 것은 아닙니다. 세상을 교화하는 중대한 일을 자격도 없는 자에게 맡길 수는 없는 노릇이지요. 그래서 테스트를 한 겁니다. 제약을 두고 스스로의 힘으로 자기 능력을 증명하라고 요구한 것이지요. 여기에서 제약 조건은 사교육을 받을 수 없고, 일절 외부 도움을 받을 수 없다는 겁니다. 또한 자신만의 특별한 교재나 도구도 금지합니다. 즉 똑같은 조건과 환경에서 제 힘으로 테스트를 통과하라는 주문입니다. 이야기에서는 쑥 한 다발과 마늘 스무 개만 먹어야 하고 백일 동안 햇빛을 보지 말라고 되어 있습니다. 저는 똑같은 조건에서 왜 곰은 성공하고 호랑이는 실패했는가를 현대 과학에서 밝히고 있는 공부 방법에 제 개인적인 경험을 곁들어 설명하고자 합니다.

곰이 사람이 되는 것만큼 신기한 일이 일상에는 많이 일어납니다. 문맹이었다가 한글을 떼고 기뻐하는 어르신, 코흘리개였는데 복잡한 수술도 척척 해내는 신경외과의, 골목에서 공을 차다가 세계적인 축구 스타가 된 아이 등, 주변에는 곰에서 사람이 된 것 못지않은 변신이 드물지 않게 일어납니다. 저도 제 친구를 보면서 그런 경험을 한 적이 있습니다. 고등학교 때는 다른 아이들과 별 차이가 없어 보였는데, 세월이 지나고 보니 큰 병원에서 인공관절 수술을 하고 있더군요. 그림이 그려지지 않았지만, 그 친구가 그렇게 변신할 수 있었던 것은 오로지 교육 덕이었습니다. 다른 게 있을 리가 없습니다. 의대에 진학하여 의사 과정을 밟으면서 기술을 습득한 것 말고는 다른 길이 있을 리 없습니다. 곰 이야기입니다. 저는 곰과 사람 사이에 교육과 배움이 있다고 생각합니다. 세상을 교화시킬 유일한 방법은 배움뿐이라는 메시지 아닐까요.

곰은 사람으로 다시 태어났습니다. 그런데 변신한 곰은 웅녀 즉 여성입니다. 왜 하필 여성일까? 이것도 근거 없는 제 추측인데, 여성이 당시 농경 시대 생산의 상징이었기 때문이라고 생각합니다. 즉 생산성 있는 존재가 되었다는 뜻이 아닐는지요. 배우고 익힌 것을 생산적으로 써야 한다는 의미로 보입니다. 굴속에서 힘들여 배우고 익힌 것이 그것으로 끝이라면, 무슨 큰 의미가 있겠습니까. 그것으로 타인과 자신을 위해 유용한 일을 할 수 있어야겠지요. 즉 배우고 익혀서 널리 세상에 보탬이 될 수 있어야 한다는 뜻입니다.

철학자 하이데거는 〈나는 존재한다. 고로 나는 할 수 있다〉라고 말했습니다. 나의 존재란 즉, 내가 할 수 있다는 뜻입니다. 생각하거나 느끼는 데 그치지 않고 내가 무엇인가를 할 수 있고 또한 해낼 때 살맛이 난다는 의미로 저는 해석합니다. 인터넷 뱅킹의 원리를 생각할 때보다는 그것을 배워 익혀 실제로 사용할 때 살맛이 나겠지요. 수영에 대해 아무리 머릿속으로 생각해도 실제로 수영하는 것보다 재밌지는 않을 겁니다.

곰이 사람이 되는 것처럼 배움을 통해서만 인간은 다른 존재가 될 수 있습니다. 배워서 익히고 할 수 있는 것이 배움입니다. 이 책에서는 어떻게 배우는 것이 가장 효과적이고 우리의 삶을 변화시킬 수 있는지 알려 주려고 합니다. 배움의 기본적인 자세와 태도 그리고 구체적인 방법을 제시합니다. 이 책을 읽는 분들도 각자의 배움으로 인생을 변화시킬 수 있길 바랍니다.

2022년 2월

탁석산

차례

프롤로그:
지적 능력은 변한다

우사인 볼트와 100미터 달리기에서 이기는 사람은 거의 없을 겁니다. 세계 기록 보유자와 겨뤄 이기는 것은 상상 속에서도 쉽지 않습니다. 하지만 그가 일흔 살이 되었을 때 겨룬다면 어떨까요? 해볼 만하지 않을까요? 그때가 되면 그의 몸 상태가 어떠할지 알기 어렵지만, 짐작하건대 보통 사람과 별 차이가 없을 겁니다. 오히려 관리를 잘한 일반인이 그를 이길 수도 있을 겁니다.

그럼 머리는 어떨까요? 학교 다닐 때 공부를 잘해서 종종 머리 좋다는 말을 들은 학생이 나이가 들어서는 평범해지는 경우를 흔히 볼 수 있습니다. 제 주변에도 고등학교 시절 학업 성적이 뛰어났던 친구가 지금은 동네 아저씨가 된 경우가 꽤 있습니다. 처음에는 의아하게 여겼으나 운동선수를 생각하면서 이해가 갔습니다. 반면 어렸을 때는 평범해 보였지만 나중에 크게 이름을 떨치는 경우도 꽤 있습니다. 초등학교 때 평범했던 친구가 명문대 의대를 나와 훌륭한 의사가 되기도 하고, 저처럼 고등학교 때 꼴찌를 했으나 지금은 글을 쓰는 사람도 있습니다(이 사례는 적절해 보이지 않는군요).

　TV에서 이런 경우를 본 적이 있습니다. 고령의 할아버지가 영어로 동네를 찾아온 외국인들에게 관광지를 안내합니다. 그런데 이 할아버지는 학교나 학원에서 영어를 배운 적이 없습니다. 몇 년 동안 독학으로 영어를 익혔습니다. 빼곡하게 필기한 노트가 몇 권이나 됩니다. 그리고 실전을 통해 영어를 습득했다고 합니다. 할아버지의 열정과 노력도 놀랍지만, 더 놀라운 것은 할아버지의 뇌 상태입니다. 뇌를 촬영했더니 구멍투성이였습니다. 할아버지를 진찰한 의사는 이 정도면 치매에 걸리는 것이 보통이라고 합니다. 그런데 할아버지는 끊임없이 공부한 덕분에 뇌세포를 연결하는 시냅스가 발달하여 치매 현상을 보이지 않는 것 같다고 진단합니다. 뇌의 구조에 문제가 있지만, 시냅스 연결이 활발하여 정상적인 생활이 가능하고, 이것은 계속해 온 공부 덕이라는 말이겠지요. 머리는 몸과 달라 보입니다. 할아버지의 사례에서 보듯, 뇌에서 중요한 것은 구조가 아니라 그 활용법임을 알 수 있습니다. 뇌에 구멍이 나도 극복할 수 있다는 뜻이니까요.

뇌에 관해서는 요즈음 많은 것이 알려져 있습니다. 지적 능력은 타고난 것으로서 변하지 않는다고 믿는 경향이 있는데 최근 연구에 의하면 이는 사실이 아니라고 합니다. 즉 새로운 것을 배울 때마다 뇌가 변한다고 합니다. 제가 어렸을 때만 해도 IQ(지능지수)에 대한 신뢰가 대단했습니다. IQ가 높으면 머리가 좋은 것이니 공부를 잘할 것이고 공부를 잘하니 좋은 대학에 가고 좋은 대학에 가니 인생에서 성공할 것이라는 믿음이 있었습니다. 머리는 타고나며 변하지 않는다는 믿음입니다. 그리하여 공부 못하는 아이를 둔 부모는 유전자를 따지고 서로 자기 탓이 아니라고 웅변하곤 했습니다.

하지만 이런 주장은 사실에 근거하지 않습니다. 머리는 타고난 것이 아니라, 공부하면 얼마든지 변합니다. 물론 천재적인 사람도 있을 겁니다. 그러나 보통 사람들이 천재라고 부르는 그들 역시 타고난 것은 얼마 되지 않는다고 합니다. 아인슈타인이 좋은 예입니다. 담임선생님이 그에게 장래성이 없다고 혹독하게 평가했는데(학교 성적이 나빴으니 머리가 나쁘다는 평가를 받았던 것도 이상하지 않습니다), 나중에 그는 세계적인 물리학자가 되었습니다.

신경 세포인 뉴런은 지속적으로 바뀐다고 합니다. 뉴런이 가장 크게 바뀌는 시간은 공부한 뒤에 잠들었을 때인데,

잠자는 사이 다른 뉴런들과의 연계가 더 강화되기 때문이라고 합니다. 무슨 이야기인지 더 깊이 설명하지는 않겠지만, 과학적 근거가 있는 이야기입니다.

뉴런이 바뀌는 조건을 다시 한번 살펴보면, 수면을 취할 때, 특히 공부한 후에 잠들었을 때만 그렇다는 겁니다. 공부하지 않고 그냥 잠들면 아무 효과가 없다는 것이지요. 게임을 하다 잠들거나 TV를 보다 잠들거나 술 마시고 잠들면 뉴런은 변하지 않는다는 겁니다. 그러니까 어떤 것이든 애를 쓴 배움이 뇌를 변화시킵니다. 그냥 편하게 놀면서는 안 됩니다. 따라서 어렸을 때 머리가 좋았어도 계속 애를 쓰지 않으면 퇴화합니다. 아무리 늦었어도 계속 애를 쓰면 뇌는 변하고 원하는 것을 얻을 수 있습니다. 뇌는 아주 정직하다고 할 수 있을 겁니다.

고등학교 시절 제 주변에는 전국적으로 공부 잘하는 학생들이 많이 있었습니다. 옛날 대학 입시 예비고사나 본고사에서 전국 1등을 하는 동기들이었는데 그때는 타고난 머리가 좋다고만 생각했습니다. 〈원래 머리가 좋은 걸 어쩌겠어. 할 수 없지〉, 〈아무리 해도 따라잡을 수는 없어. 타고난 대로 사는 거야〉 이렇게 스스로를 위로하곤 했습니다. 물론 타고난 머리 차이도 있었겠지만, 지금 생각해 보면 공부하는 방법이나 집중력, 끈기, 근성이나 자기 수련 등이 더 큰 원인이었던 것 같습니다. 나중에 세월이 흐른 후 그때 친구 중 한 명과 같이 등산을 갔을 때 슬쩍 물어보았더니 놀라운 집중력에 대해 얘기해 주었습니다. 자신은 수업 시간에 필기하지 않고 오로지 선생님에게만 주목했다는 겁니다. 선생님을 잘 보면 무엇이 중요한지, 무엇이 시험에 나올지 알게 되기 때문이라는군요. 그리고 집에 가서 문제집을 풀어 보면서 그날 배운 것을 정리했다고 합니다. 예습은 하지 않고 복습만 했고 주로 문제를 풀었다 합니다. 역시 제 방법과는 아주 달랐습니다.

저는 이제 뇌가 변한다고 생각합니다. 〈우리 애는 머리는 좋은데 공부를 하지 않아요〉 같은 얘기는 더 이상 통하지 않습니다. 〈공부하지 않아서 머리가 나빠요〉가 더 정확한 말 아닐까요. 계속 끈기 있게 공부한다면 놀라운 결과를 거둘 수 있습니다. 앞의 어르신처럼 말이죠. 하지만 이런 생각만으로는 아무것도 바뀌지 않습니다. 구체적인 방법을 알고 익혀야 합니다. 즉, 공부하는 법을 공부해야 하는 것이지요. 공부는 반드시 해야만 합니다. 그래야 더 많은 것을 할 수 있고, 그래서 더 많은 기쁨과 존재감을 느낄 수 있습니다. 그럼 하나씩 구체적인 방법을 알아보겠습니다.

1부

공부의
기초

요즘 창의성을 강조하는 주장들이 많이 나옵니다. 4차 산업혁명 시대를 맞이하여 이제는 기억력이 아니라 창의력이 인생을 좌우한다는 주장으로 보입니다. 그리하여 종래의 주입식 교육은 잘못된 것이며 앞으로는 스스로 생각하는 창의적 교육만이 살길이라고 합니다. 그래서 외우는 학습법보다는 이해하고 응용하는 학습을 권합니다. 모두 일리가 있는 얘기이지만 이해력과 창의성을 키우려면 먼저 외우지 않으면 안 됩니다. 그리고 더 중요한 것은 외운 것을 필요할 때 꺼내 쓸 수 있어야 합니다. 예를 들어, 〈추리 소설의 특징은 무엇인가?〉라는 문제가 시험에 나왔다고 해봅시다. 먼저 추리 소설이 무엇인지 알아야 합니다. 추리 소설이 무엇인지 안다는 것은 추리 소설에 대해 기억하고 있다는 뜻입니다. 예전에 이렇게 배웠다든가 아니면 이렇게 개념을 정리했다든가 하는 것이겠지요. 아예 그런 경험이 없다면 추리 소설이 무엇인지 모르는 것이고, 모른다면 기억에 있을 리가 없습니다.

사실상 안다는 것의 80퍼센트는 기억이라고 합니다. 기억이 없다면 추론할 수 없고 추론이 없다면 지식은 성립하기 어렵습니다. 따라서 되도록 기억을 많이 축적해야 합니다. 이 점에서 주입식 교육은 효과가 있습니다. 옛날에는 천자문부터 사서삼경까지 외우게 했다고 합니다. 의미도 모르면서 무조건 외워야 했다는 것이지요. 무리한 방법이기는 하지만 기억의 양을 늘린다는 면에서는 나름 효과적입니다. 요즘 중국에서 한시 300수를 외워야 고등학교를 마칠 수 있다고 하는데 같은 맥락으로 보입니다. 미국이나 유럽에서도 시나 문학 작품을 외우는 일은 흔합니다. 오히려 우리나라에서 시를 외우는 교수법이 사라지고 있는 것 같습니다. 일단 기억의 양이 많다면 유리하다고 하겠습니다.

하지만 그보다 더 중요한 능력은 필요할 때 필요한 기억을 꺼낼 수 있는 겁니다. 구슬이 서 말이라도 꿰어야 보배인 것처럼 아무리 많은 기억을 저장하고 있어도 필요할 때 꺼내 쓸 수 없다면 기억이 없는 것과 마찬가지일 겁니다. 금송아지보다는 현금이 쌀을 사는 데 유리한 것처럼, 오래된 기억도 필요할 때 즉시 떠올라야 합니다. 무엇인가 배워서 사용하려면 기억이 없으면 안 되고, 그 기억을 필요할 때 꺼낼 수 없으면 아무 소용이 없습니다. 그럼 저의 기억력 학습법을 간략히 적어 보겠습니다.

반복하라

제 경험으로는 영어 단어를 적어도 일곱 번 정도 반복해야 겨우 외울 수 있습니다. 지금은 상태가 좀 나빠져서 아마도 최소 열 번 이상은 봐야 외울까 말까 합니다. 여기서 일곱 번이란 〈낯선 장소〉에서의 일곱 번을 뜻합니다. 처음에 책에서 단어를 봅니다. 사전을 찾고 단어장에 옮겨 적고 한 번 외웁니다. 그리고 시간을 조금 두고 단어장에서 다시 외웁니다. 이렇게 서너 번 하고 넘어갑니다. 그러다 문제집에서 그 단어를 발견합니다. 잘 기억이 나지 않습니다. 다시 사전을 찾아 외웁니다. 그리고 다른 문제집에서 다시 보게 됩니다. 의미는 기억이 났으나 발음이나 강세가 분명치 않습니다. 다시 사전을 찾습니다. 이제 어느 정도 외웠다는 확신이 옵니다.

저는 이런 과정을 거쳐 단어를 외웠습니다. 제 경험을 조금 자세히 묘사한 것은 뒤에 나올 보다 과학적인 견해를 소개하기 위함입니다. 제 방식이 전문가들이 보기에는 어떨까요? 바람직할까요? 아니면 그런 식으로는 곤란할까요?

〈왜〉라고 물어라

대입에서 재수할 때 크게 도움을 받은 국사 선생님이 기억에 남습니다. 당시에는 서울대가 본고사(대학별 자체 시험)를 실시할 때였고, 국사도 본고사를 치렀습니다. 주관식도 있었던 것 같은데 아무튼 까다로웠습니다. 그런데 저는 그 국사 선생님 덕을 크게 보았습니다. 선생님은 수업 시간에 판서를 거의 하지 않고 별 움직임 없이 낮은 목소리로 차분하게 말씀하셨습니다. 기본적인 방식은 〈왜?〉라고 묻고 거기에 답하는 것이었습니다. 〈왜 임진왜란은 일어났는가?〉 이에 대해 정치, 경제, 문화 면에서 원인을 말씀하시고 일본의 사정도 알려 주셨습니다. 긴 이야기가 〈왜?〉라는 질문을 중심으로 하나의 소설처럼 전개되었지요. 시험에서 임진왜란에 관한 문제가 출제되면 전후의 사건들이나 이야기들이 쭉 떠올라 풀기가 아주 편했습니다.

선생님의 독특한 교수법이 학생들에게 도움을 줬던 비결을 지금 와서 생각해 보면, 기억을 저장하는 방법과 관련된 것 같습니다. 어떤 역사적 사건에 대해 〈왜?〉라고 묻고 답하면서 전체 맥락을 짚고, 동시에 사건들이 낱낱으로 파편적으로 존재하는 것이 아니라 인과관계로 연결되어 있으며 부분만 봐서는 의미를 파악할 수 없다는 것을 알려 주었습니다. 당시에는 그저 신기하다고 여겼을 뿐이지만, 기억은 의미로 저장될 때 가장 효과적이라고 전문가들은 말합니다. 맥락 속에서 외우는 것이 좋다는 뜻으로 들립니다만 뒤에 제 경우가 거기에 해당하는지 알아보겠습니다.

손으로 써라

〈한 귀로 듣고 한 귀로 흘린다〉는 속담이 있습니다. 집중하지 못하는 인물이나 상황에 대한 묘사로서 이쪽 귀로는 듣고 다른 쪽 귀로는 말이 빠져나가는 그림도 흔히 볼 수 있습니다. 그런데 이것은 비유가 아니라 정말로 그렇다고 전문가들은 말합니다. 이를테면 듣는 말을 키보드 등으로 타자하면 아무것도 머릿속에 남지 않는다고 합니다. 듣는 것을 단순히 키보드로 쳐서 옮기면 뇌 연계를 만들지 못하기 때문에 깊은 뇌 작업이 이루어지지 않는다고 합니다. 즉 뇌에 인상을 남기지 못합니다. 그야말로 물 흐르듯 귀에서 귀로 흘러나가는 것이지요.

반면 손으로 적으면 중요한 개념 사이에 뇌 연계가 일어나 기억에 효과적이라고 합니다. 손으로 적은 글자는 뇌와 손 사이를 왔다 갔다 하면서 놀랄 만한 정보를 전달합니다. 손은 뇌와 밀접한 관련이 있기 때문입니다. 전문가는 심지어 긴 문장이나 수학 공식을 이해하지 못할 때 몇 번이고 그것을 써보라고 권합니다. 그렇게 하는 것만으로도 때때로 이해하게 된다는 겁니다. 손으로 쓰면 뇌에서 다른 방식으로 처리하여 정보가 깊숙이 저장되는 장소로 간다는 거죠. 따라서 어려운 것을 마주하게 되면 손으로 쓰라고 충고합니다. 앞에 보았던 독학으로 영어를 습득한 할아버지가 좋은 예가 될 겁니다. 전혀 모르는 영어도 몇 년에 걸쳐 공책에 쓰고 또 써서 익히게 되었으니까요.

생각해 보면 저 역시 어렸을 때 단어의 뜻을 몇 번씩 써오는 숙제가 거의 매일 있었습니다. 아주 지루한 숙제였지요. 같은 말을 몇 번씩 쓰니 재미도 없고 팔에 힘도 떨어졌습니다. 그러고는 〈전과에 다 있는데 왜 쓰는 걸까〉 하는 의문이 들기도 했습니다. 단어 뜻 말고도 한자 쓰기도 있었고 아무튼 이것저것 많았습니다. 지금은 이 방법이 효과적이었다는 것을 압니다. 백 번 읽는 것보다 열 번 쓰는 것이 훨씬 효과적으로 보입니다. 쓰는 과정에서 뇌에 특별한 일이 일어나기 때문입니다.

요즘에는 저도 책을 읽고 생각을 정리할 때 손으로 쓰고 있습니다. 처음 정리하면 꽤 분량이 많습니다. 며칠 지난 후 그것을 읽고 다시 정리합니다. 물론 이번에도 손으로 씁니다. 다시 며칠 후 정리하면 원래 분량의 1/3 정도로 줄어드는 것이 보통입니다. 양도 줄었지만 그보다 중요한 것은 내용이 나의 것이 되었다는 겁니다. 이제는 종이를 보지 않아도 내 머릿속에 들어 있습니다. 그리고 필요할 때 꺼낼 쓸 준비가 되어 있는 기분입니다.

부담 덜기

그림이나 도표가 있는 책은 읽기가 훨씬 수월합니다. 요즘 나오는 과학책들이 그렇습니다. 뭔가 여유 있어 보이고 이해하기도 쉬워 보입니다. 실제로도 그러합니다. 복잡한 DNA 구조는 그림으로 보면 한눈에 이해할 수 있습니다. 동물의 생김새도 마찬가지입니다. 또한 광합성 과정도 도표로 보면 훨씬 기억하기 좋습니다. 그림이나 도표는 부담 덜기의 한 방식입니다. 전체 구조를 파악하기에 편하고, 훨씬 일목요연하게 기억할 수 있습니다.

머릿속에 있는 것을 정리하는 일은 쉽지 않습니다. 소설을 읽는 경우도 마찬가지입니다. 등장인물이 많고 성격도 다르고 이름마저 생소한 경우가 허다합니다. 이럴 때 정리 좀 하고 싶어집니다. 머릿속이 복잡하기 때문이죠. 이때 앞서 얘기한 손으로 쓰는 방법을 활용하면 한결 머리가 가벼워집니다. 즉 머리의 부담을 더는 것이지요. 필기 전을

100이라고 한다면 한 50 정도 가벼워진 느낌입니다. 머릿속에 여유가 생기면 다시 읽을 때 훨씬 효율적이겠지요. 또한 종이에 적으면 적힌 것만 암기하면 되므로 기억에도 도움이 됩니다.

　요즘에는 인터넷 검색 엔진이 부담 덜기에 한몫하고 있습니다. 궁금한 것이 있을 때 예전에는 책이나 자료를 찾거나 사람들에게 물어봤습니다. 단점은 시간이 걸리고 신경도 쓰이고, 얻은 정보에 대한 믿음도 높지 않다는 것입니다. 지금은 손쉽게 검색 엔진을 이용할 수 있습니다. 인터넷 속에는 거의 모든 정보가 있습니다. 시간이나 노력 그리고 신뢰성 면에서 과거의 방식보다 월등한 우위를 보여 줍니다. 이용 안 할 이유가 없지요. 쉽고 빠르고 정확하게 정보를 얻을 수 있고, 그만큼 우리의 부담도 덜어 줍니다. 부담 덜기는 우리의 기억력을 보완하고, 높일 수 있는 좋은 공부 기술입니다.

시차를 두고 익히기

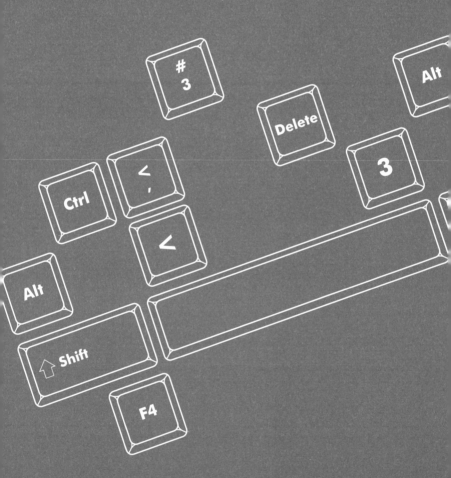

시차를 두고 테스트하기

도쿄 시부야에 있는 일본어 학원에 다닌 적이 있습니다. 하루 네 시간 수업이었는데 매우 빡빡했습니다. 과목은 문법, 회화, 발음, 읽기, 쓰기 등으로 구성되어 있었는데 문제는 테스트가 잦다는 것이었습니다. 가령 문법 과목의 경우 수업을 시작하자마자 전날 배운 것을 테스트합니다. 수업이 끝나면 그날 새롭게 배운 것을 가지고 바로 또 테스트합니다. 다음 날 역시 마찬가지입니다. 전날 배운 것을 테스트하고 그날 진도를 나간 후 다시 테스트합니다. 매시간 다른 과목에서도 이 과정은 똑같습니다. 즉 전날 배운 것 테스트-수업-그날 배운 것 테스트. 50분이 정규 수업 시간이라면 두 번의 테스트에 20분 정도를 사용합니다. 따라서 어떤 때는 테스트만 하다 오는 기분이었습니다. 게다가 숙제도 많아서 숙소에서도 마음이 편하지 않았습니다.

이 학원은 제가 다닐 때 이미 설립된 지 60년 가까이 흐른 이름 난 곳이었습니다. 그렇다면 이 학원의 특별한 교수법(여러 차례 반복 테스트)을 허술히 볼 것은 아닙니다. 이 방법이 노리는 교육적 효과가 분명 있을 겁니다. 1895년에 독일의 심리학자 헤르만 에빙하우스Hermann Ebbinghaus가 시차(時差)를 두고 공부하는 것이 더 효과적이라는 결과를 발표했다고 합니다. 자신이 실험했는데 무의미한 음절 열두 개로 된 짧은 목록을 외울 때, 같은 날에는 예순여덟 번 연속으로 반복해서 외워야 겨우 암기했는데, 사흘에 걸쳐 외우니 서른여덟 번 만에 가능했다고 합니다. 즉 단지 쪼개서 외웠을 뿐인데 44퍼센트의 절감 효과가 있었던 것이지요. 요점은 그날 그 자리에서 모두 외우는 것보다는 시차를 두고 외우는 것이 더 효과적으로 암기할 수 있다는 겁니다. 키보드를 보면 스페이스 바가 있습니다. 누르면 한 칸 띄게 됩니다. 바로 이것입니다. 한 칸 띄고 외우는 것이지요. 시차를 두라는 말입니다.

에빙하우스는 하루씩 시차를 두었습니다. 이것이 우연이 아니라는 것은 나중에 밝혀졌습니다. 즉 시차 두기에서 반드시 중간에 잠이 있어야 효과적이라는 것을 뇌 과학자들이 알아냈습니다. 오늘 공부하고 잠을 자고 내일 다시 같은 것을 공부한다면 기억을 장기 저장하는 데 좋다는 것이지요. 쪽지 시험을 보는 경우 보통은 수업 종료 전에 그 시간에 배운 것을 간단히 테스트합니다. 그런데 거기서 그치면 효과가 그리 크지 않다는 겁니다. 잠을 자고 다음 날 다시 해야 좋다는 것이지요. 이것은 과학적 실험과 뇌의 변화 관찰을 통해 이미 근거가 확보된 사실입니다. 다시 일본어 학원으로 돌아가 보면 그날 배운 것은 그날 테스트합니다. 시차를 두었지만 짧게 두었습니다. 그리고 다음 날 다시 테스트합니다(이 점이 중요하겠지요). 즉, 테스트와 테스트 사이에 잠을 끼워 넣은 것이 이 학원의 교수법의 핵심입니다.

그럼 왜 시차 두기가 효과적일까요. 상세한 과학적 설명은 일단 생략하고 제 경험적인 면에서 말하고자 합니다. 우선 시차 두기에서 테스트를 주목할 필요가 있습니다. 가령 그날 수업을 마칠 때 오늘 배운 것을 정리해 보자고 하면서 교사가 쭉 정리하는 경우도 있을 겁니다. 이 경우 학생은 마치 정리가 잘 되고 있는 것처럼 착각하게 되고, 교사 스스로도 잘 정리해 주었다고 생각할 겁니다. 하지만 전혀 그렇지 않습니다. 실제로는 아무 일도 일어나지 않은 겁니다. 왜냐하면 머리가 애를 쓰지 않았기 때문입니다. 교사의 정리를 듣는 것은 힘이 들지 않기에 효과가 없는 겁니다. 애를 쓸수록 기억에 남는 것이 경험적이고 과학적인 이치입니다.

그런 면에서 쪽지 시험은 훨씬 효과적입니다. 일단 테스트이니 긴장하게 되고 실제로도 머리를 써야 합니다. 집중력을 높여야 하고 그 시간에 배운 것을 기억해 내려 애써야 합니다. 당연히 그냥 듣는 것보다 효과가 큽니다. 하지만 장기 기억으로 저장하는 데는 한계가 있습니다. 그 자리에서는 효과가 있지만, 장기 기억으로 전환하려면 다음 과정이 필요합니다. 즉 시차를 두고 다시 공부해야 한다는 것이지요.

따라서 다음 날 수업 시작 전에 하는 테스트는 아주 효과적입니다. 우선 잠을 잤습니다. 그리고 보통은 숙제를 통해 다시 한번 공부를 한 상태입니다. 그리고 테스트를 합니다. 머리를 쓸 수밖에 없습니다. 애를 써야 전날 배우고 익힌 것을 불러낼 수 있습니다. 그리고 틀린 것을 보고 다시 한번 기억을 강화하게 됩니다. 저는 이 일본어 학원의 교수법이 통했던 건 시차 두기와 테스트에 있다고 생각합니다. 이 두 가지 방식으로 학습자가 애를 쓰게 만들어 기억을 잘하게 만든 것입니다. 그리고 테스트에서의 교정 기능도 놓치지 않았습니다. 문제를 풀고 틀려 봐야 알게 되는 것들이 상당히 많습니다. 머릿속에서 혼동하거나 분명한 차이를 몰랐던 것이 테스트를 통해 드러납니다. 〈아, 이거였구나!〉 하는 순간들이 꽤 많이 있습니다. 이런 순간들은 배운 후 얼마 되지 않은 시점에 경험하는 게 당연히 유리합니다. 잘못된 기억을 애써 저장한 뒤에는 나중에 고치기도 그만큼 힘들 테니까요.

그럼 어느 정도 시차가 적당할까요? 저는 개인적인 차이가 있지만, 위의 일본어 학원이 좋은 사례라고 여깁니다. 그날 한 번, 다음 날 한 번, 그리고 한 달 후에 종합 시험으로 다시 한 번. 이렇게 하면 적어도 세 번은 시차를 두고 테스트하게 됩니다. 그런데 우리 학교에서는 보통 중간시험, 기말시험을 치릅니다. 이렇게 되면 두 번 정도 시차를 두고 공부하는 셈이니 별로 효과적이지 않습니다. 우선 그날 테스트와 다음 날 테스트가 없습니다. 그리고 한 달 후의 테스트도 없습니다. 기존의 학교 시험은 너무 시차가 커서 장기 기억에 도움이 되지 않아 보입니다. 따라서 스스로 알아서 해야 합니다.

저의 경험을 말해 보면 제가 가장 열심히 공부했을 때가 대입 재수할 때였습니다. 방식은 간단했습니다. 〈예습은 전혀 하지 않는다. 철저히 복습만 한다.〉 따라서 그날 배운 것은 그날 정리하고 문제를 풀었습니다. 그리고 토요일과 일요일에는 일주일 동안 배운 범위를 역시 문제집을 이용해 풀었고, 한 달에 한 번 월말시험에 대비해 한 달간 배운 범위의 문제를 풀었습니다. 이런 방식은 시차 두기에서 크게 벗어나지 않습니다. 그래서인지 상당한 효과를 보았습니다.

이 방식은 몇 년 후 재연되었습니다. 제가 군대 생활을 마친 후 전공을 바꾸기 위해서 다시 대학 입시를 보게 되었기 때문이지요. 그때는 학원도 다니지 않았기에 집에서 혼자 공부했습니다. 요즘 말로 자기 주도 학습을 한 것입니다. 말이 자기 주도 학습이지 다 혼자 알아서 해야 하는 외로운 작업이기도 하지요. 평일에는 진도를 따라 나가면서 그날그날 해당 문제를 풀고, 역시 주말에는 그 주의 진도에 해당하는 문제집을 집중적으로 풀었습니다. 그리고 매월 말에는 새로운 문제집을 풀었지요. 다행히도 소기의 목적을 이룰 수 있었습니다. 그때 제가 했던 방식도 바로 시차 두기였던 겁니다.

시차 두기의 범위는 아주 넓다고 합니다. 외국어 어휘, 사실, 그림, 학습 교재, 강연 내용과 같은 다양한 자료뿐만 아니라 수학, 역사, 생물학, 음악 등과 같은 다양한 주제 그리고 실험실이나 교실 수업 등 다양한 장소를 모두 포함한다고 전문가들은 말합니다. 한마디로 공부하거나 배우는 것 모두에 시차 두기가 적용된다는 겁니다. 무엇을 배우든 시차를 두고 배워야 한다는 겁니다. 시차는 개인에 따라 다르고 과목에 따라서도 다르다고 합니다. 하지만 중요한 것은 중간에 꼭 잠을 자야 하고, 너무 가까워도, 또 너무 멀어도 안 된다고 합니다. 가령 스키를 배울 때에도 시차 두기를 하면 효과적입니다. 보통 개인 지도를 하루 받으면 탈 수 있다고 하는데, 물론 맞습니다. 하지만 그것은 스키의 기본을 배운 것일 뿐 자기 것으로 만들려면 그다음 날 다시 연습해야 하고, 이후에도 주기적으로 연습해야 합니다. 일 년에 두세 번 와서는 곤란하겠지요.

앞서 단어를 외울 때 저는 적어도 일곱 번 낯선 곳에서 마주쳐야 외울 수 있다고 했습니다. 이 경우도 시차 두기에 해당합니다. 우선 두 번 정도는 그 자리에서 외우고, 다음에 문제집에서, 또 다른 경우 지문에서, 다시 몇 차례 다른 곳에서 만난 뒤에 비로소 외우게 됩니다. 만나는 시간 사이에 시차가 있습니다. 일곱 번을 마주치지만, 한자리에서 이루어지지 않습니다. 시차를 두고 시간이 걸리는 작업입니다. 시차 두기는 아주 많은 사람이 이미 오래전부터 해온 것으로 보입니다. 하지만 과학으로 증명된 것은 그리 오래되지는 않아 보입니다. 시차 두기는 공부의 기술에서 기본입니다.

시험을 자주 보라

미국 샌프란시스코 버클리 캠퍼스로 두 달 영어 연수를

하러 갔던 적이 있었습니다. 오전 8시에 시작하는 수업은 숙제 검사와 함께 간단한 테스트로 시작했고 수업 중에도 수시로 테스트가 있었던 기억이 납니다(앞서 시부야의 일본어 학원과 판박이입니다). 아주 오래전 일이라 일정이 세세히 기억나지는 않지만 잦은 테스트와 엄청난 양의 숙제 그리고 선생님의 꼼꼼한 정정은 아직도 기억하고 있습니다. 이렇게 무엇인가 배우려 하면 테스트는 끊이질 않습니다. 〈과연 테스트가 공부에 도움을 줄까?〉 이런 의문이 들 정도로 테스트는 자주 시행됩니다.

전문가가 테스트의 효과에 대해 실험했습니다. 세 집단으로 나누어 같은 자료를 공부하고, A 집단은 즉시 테스트한 후에 일주일 뒤, B 집단은 세 번 테스트한 후에 일주일 뒤, 마지막 C 집단은 어떤 테스트 없이 일주일 후에 테스트했습니다. 간단히 말하면 모두 일주일 후에 테스트했는데 그전에 1회 테스트한 집단, 3회 테스트한 집단, 그리고 전혀 하지 않은 집단이 있었던 겁니다. 테스트 결과는 A 집단은 39퍼센트, B 집단은 53퍼센트 그리고 C 집단은 28퍼센트의 정답률을 보였습니다. 테스트를 많이 한 집단이 월등히 성적이 좋았습니다. 점수로 환산한다면, 3회 테스트한 집단이 53점이라면 전혀 하지 않은 집단은 28점이라는 것이지요.

이 실험 결과만 보면 테스트는 자주 할수록 학습에 좋다고 할 수 있겠습니다. 한편 3회 테스트한 집단이 보여 준 일주일 후 시험 결과는 1회 테스트한 집단이 학습한 직후 친 시험의 정답률 53퍼센트와 거의 같습니다. 일주일 후에도 이 정도 효과가 있다는 것은 다시 한번 테스트의 효력을 증명한다고 할 수 있을 겁니다.

잦은 테스트가 장기 기억에 효과가 있다는 사실이 역설적으로 들릴 수도 있지만, 전문가들은 시차 사이의 망각에서 그 원인을 찾습니다. 즉 하루, 이틀, 사흘 이런 식으로 시차를 두고 테스트하면 망각되는 것들이 생기는데 반복해서 테스트를 하면 기억을 되살릴 수밖에 없기 때문에 뇌가 활성화되고 기억들이 강화된다는 겁니다. 이 과정을 반복할수록 뇌 안에서의 연결이 더욱 단단해지고요. 따라서 잦은 테스트를 거쳐 되살려진 기억들은 장기 기억에 유리하다는 것이지요.

이렇게 보면 테스트는 두 가지 효과가 있습니다. 하나는 시차 두기가 자신도 모르게 이루어진다는 겁니다. 자료를 공부하자마자 테스트하고, 다음 날 다시 하고, 일주일 후에 다시 한다면, 곧 〈즉시-하루-일주일〉의 시차 두기가 시행된 겁니다. 일부러 시차 두기를 결심하지 않아도 시험을 자주 보는 것만으로 자연스럽게 문제가 해결됩니다. 또한 공부한 내용이 장기 기억에 저장되는 효과도 가지기 때문에, 암기에 어려움을 겪는 사람에게 특히 유용합니다.

시험을 좋아하는 사람은 거의 없을 겁니다. 시험이 싫은 이유 중 하나는 그 과정이 괴롭다는 겁니다. 매번 1등을 하는 사람도 시험을 좋아할지는 의심스럽습니다. 긴장도 되고 결과에 대한 부담도 큽니다. 무엇보다 문제를 푸는 과정이 힘듭니다. 아무리 공부를 잘해도 문제를 풀 때는 생각을 해야 하고 기억을 인출해야만 합니다. 그 모든 과정이 그리 자연스럽지 않기에 누구나 시험을 피하고 싶은 것이지요. 그러나 애써서 기억을 인출하고 조합하면 기억은 강화됩니다. 그리고 뇌의 기억 과정은 테스트를 통해 자연스럽게 이루어집니다. 테스트가 힘들고 싫더라도 자주 해야 하는 이유가 여기에 있습니다.

그런데 시험이 서열을 조장하기 때문에 좋지 않다는 의견이 있습니다. 저학년에서는 시험을 피해야 한다고도 주장합니다. 특히 점수를 매기는 것은 어렸을 때부터 서열화된 질서를 강요하는 것이기에 다양성이 묻힐 수 있다고도 합니다. 하지만 저는 시험의 기능에 대해 다시 생각해 볼 필요가 있다고 생각합니다. 시험을 평가의 도구로 여기던 시대도 있었고 학습의 도구로 생각하던 시대도 있었습니다. 지금도 여러 가지 견해가 있지만 저는 배움의 도구이자 자신에 대한 평가 도구로 여깁니다. 우선 시험을 교과목에 한정하여 필기시험에 국한하는 것은 곤란합니다. 테니스를 배워도 시험이 있습니다. 자동차를 몰려면 운전면허라는 공식 시험을 치러야 하고, 바둑이나 게임을 해도 처음에는 플레이어의 수준을 알기 위해 테스트합니다. 요즘 유행하는 오디션 역시 시험이고 시합입니다. 세상에는 무엇을 배우든 각종 시험이 있습니다. 그러니 시험을 당락이나 진선미로 여겨 서열이라고 부르는 일도 자연스러워 보입니다.

하지만 한 꺼풀 벗기면 시험도 배움의 과정이라는 것을 쉽게 알 수 있습니다. 시험을 봐야 자신의 위치를 알 수 있습니다. 자신이 바둑 몇 급인지 이번에 배운 국어는 어느 정도까지 이해하고 있는지 자신의 노래 실력은 어느 정도인지 모두 시험을 통해 알 수 있습니다. 게임도 마찬가지일 겁니다. 자신이 레벨이 나옵니다. 그러면 그 레벨을 보고 전략을 짭니다. 이 정도 등급이면 더 해야겠다고 결심한다든지 아니면 부족한 점을 감안해서 작전을 짤 겁니다. 이와 같은 방식을 학교 공부에 적용하면 됩니다. 자신의 위치, 부족한 과목, 약점과 강점 등을 알게 돼 앞으로의 전략을 짜는 데 절대적으로 도움이 됩니다. 즉 배움의 도구인 것이지요. 그런 점에서 테스트는 자기 평가의 도구입니다. 테스트해야만 자신에 대해 알 수 있기 때문입니다. 우물 안 개구리라는 말처럼, 테스트 없이 자신에 대해 알기는 어렵습니다.

테스트라는 것은 보통은 남이 정해 놓은 기준으로 자신을 알아보는 장치입니다. 산에서 혼자 바둑을 연마한 사람이 있었습니다. 아주 오랫동안 홀로 연습을 했습니다. 자신이 문제를 내고 자신이 푸는 방식이었겠지요. 어느 날 자신을 이길 사람은 없다는 자신감이 들어 산에서 내려왔습니다. 그러고는 바로 알게 되었지요. 자신의 실력을. 다른 사람과 두었을 때 바로 진 겁니다. 테스트를 피하는 것은 자신의 진짜 모습을 피하는 것과 같습니다. 시험을 두려워하는 것은 자신을 두려워하는 것이지요. 그런 상태에서 발전이 있을 리 없습니다.

단어를 외우는 과정을 다시 생각해 봅시다. 저는 모르는 단어가 나오면 단어장에 적고 사전에서 뜻을 찾아 옆에 적습니다. 그리고 그날 분을 외웁니다. 그리고 단어의 뜻을 가리고 쭉 써봅니다. 채점하고 틀린 것을 다시 외웁니다. 그다음에는 단어를 가리고 풀이를 보고 단어를 써봅니다. 그리고 채점합니다. 이런 식으로 하는 것을 자가 테스트라고 할 수 있을 겁니다. 자신이 문제를 내고 자신이 푸는 것이지만 산속에서 하는 것과는 다릅니다. 채점을 할 수 있으니까요. 자가 테스트는 단어 공부에 국한되는 것이 아닙니다. 모든 과목에 적용할 수 있고 문제집을 사서 테스트할 수도 있습니다. 제 기억으로는 중학교 1학년 때 처음 자가 테스트를 했던 것 같습니다. 물리라는 과목이었는데 동네 서점에서 문제집 한 권을 사서 풀었습니다. 그랬더니 중간시험에 풀었던 문제와 비슷한 문제들이 나와 반가웠던 기억이 있습니다.

자가 테스트를 하는 이유는 분명합니다. 자신의 위치를 알아내고 앞으로의 방향을 정하기 위한 것입니다. 건강 검진을 꺼리는 이유는 진실을 마주하기 두렵기 때문이기도 합니다. 검진 결과 치명적인 병이 있는 것으로 드러날 수도 있기 때문이지요. 건강 상태가 기대에 못 미쳐 실망하게 되는 것이 두려울 수도 있습니다. 어떤 경우이든 자신의 건강 상태를 정확히 모르면 앞으로 어떻게 해야 할지를 정할 수 없습니다. 캄캄한 밤에 불빛 없이 길을 찾으려는 것과 비슷하겠지요. 공부도 마찬가지입니다. 테스트 없이 자신의 공부 상태를 알 수 없습니다. 지금의 상태를 모르면 앞날의 계획도 세울 수 없습니다. 테스트를 기꺼이 받아들여 자신을 아는 도구로 삼아야 합니다.

벼락치기는 안 된다

제가 아는 배우는 대사를 잘 외우지 못합니다. 사전에 완벽하게 외워 촬영장에 가는 일은 거의 없습니다. 그럼에도 영화계에서 살아남을 수 있었던 데는 뛰어난 암기력도 한 몫했습니다. 보통 영화 촬영 현장에서는 같은 장면을 열 번 이상 연습합니다. 그때 대사를 외우는 것이지요. 게다가 대사가 현장에서 수정될 수도 있으니 먼저 완벽하게 외워 가지 않아도 크게 지장은 없습니다. 문제는 현장에서 잘 외우느냐는 것입니다. 그런데 이 배우는 현장 암기력이 뛰어났습니다. 얘기를 들어 보니 학교 다닐 때 벼락치기 공부에 능했다고 합니다. 시험을 앞두고 며칠 전부터 집중적으로 몰아서 공부하고 시험을 보았는데 성적이 꽤 좋았다는 겁니다. 그래서 주위에서는 공부를 잘하는 줄 알았는데 대학 입시에서는 결과가 좋지 못했다고 하더군요.

아마 많은 사람들이 벼락치기로 공부한 경험이 있을 겁니다. 벼락치기로 시험 본 후 밤새 외운 것이 하얗게 증발하는 경험은 절대 낯설지 않을 겁니다. 그런데 전문가들은 벼락치기 공부는 장기 기억에 결코 도움이 되지 않는다고 합니다. 같은 양을 공부하는 경우, 즉 총 학습량과 총 시간이 같을 때, 벼락치기로 한꺼번에 하는 것보다는 며칠에 걸쳐 나누어서 하는 것이 더 효과적이라고 합니다. 벼락치기가 효과적이지 않다는 것을 보여 주는 실험이 있습니다. 벼락치기 공부 후 첫 시험에서 좋은 성적을 거두었던 사람에게 이틀 후 다시 시험을 보게 했습니다. 그는 첫 시험에서 맞춘 것의 50퍼센트를 기억하지 못했습니다. 반면 시차 두기로 공부 한 사람은 그 비율이 13퍼센트였습니다. 즉 벼락치기는 반짝했지만 기억이 오래 지속되지 못했고, 장기 기억 측면에서 보면 시차 두기가 월등히 유리하다는 겁니다.

그럼 왜 시차 두기가 벼락치기보다 효과적일까요? 앞서 설명했지만, 과학자들은 시차를 두고 학습해야 새로운 시냅스가 생긴다고 합니다. 신경세포인 뉴런은 다른 뉴런과 시냅스를 통해 정보를 전달하는데 새로운 생각을 연습하면 새로운 뉴런이 합류합니다. 그리고 뉴런 사이의 시냅스로 잘 연결될수록 뉴런 사이의 불꽃이 더 크다고 합니다. 즉, 뉴런이 더 많고 시냅스 연결이 긴밀할수록 더 복잡한 생각을 오래 저장할 수 있게 됩니다. 그 반대도 성립합니다. 즉 뉴런이 같이 불꽃이 튀지 않으면 뉴런 사이는 약해지고 복잡한 생각을 저장할 수 없습니다. 따라서 뇌 연계를 만들기 위해서는 세트를 만들어야 합니다. 어떤 생각이 떠오르면 그것을 시작으로 계속 연결되는 묶음을 만들어야 합니다. 야구 스윙을 익힐 때 반복된 연습으로 근육이 기억하게 만드는 것과 비슷합니다. 한두 번 연습해서는 기억 근육이 생기지 않습니다. 시차를 둔 반복 연습을 통해서만 그런 근육을 만들 수 있습니다. 한 묶음으로 해놔야 어떤 개념이 떠오르면 쭉 연속되는 개념이 뒤따르고, 그래야 다음에 필요할 때 써먹을 수 있겠지요.

시간을 두고 최소한 며칠은 반복 연습해야 새로운 시냅스가 생긴다고 전문가들은 말합니다. 뇌과학에서는 이런 표현을 씁니다. 〈뉴런이 함께 불꽃이 튀면, 함께 엮인다.〉이때 함께 엮인다는 것이 뇌 연계 세트를 말합니다. 새로운 것을 배우는 것은 뇌 안에 더 강한 연계를 만드는 일입니다. 그런데 벼락치기로는 단단한 뇌 연계를 만들 수 없다고 합니다. 따라서 장기 기억을 할 수 없고 복잡한 개념도 저장할 수 없습니다.

막히면 쉬어라

학창 시절에 쉬는 시간에도 자리에 앉아 공부하는 친구들이 있었습니다(대개가 쉬는 시간만 기다리고 있지 않습니까. 땡 하면 나가서 놀기 바쁘지요). 하지만 그렇게 쉬는 시간에 공부한다고 해서 반드시 성적이 좋았던 것은 아니었습니다. 제가 보기에는 별 상관이 없었습니다. 그냥 그 친구들의 성격으로 생각했지요.

공부만 하는 것은 좋지 않고 때때로 쉬어야 능률이 오른다는 말이 있습니다. 쉬면서 해야 공부도 잘된다는 뜻인데 얼핏 평범한 이야기로 들립니다. 학교의 경우 한 시간 수업이 끝나면 반드시 쉬는 시간이 있고, 학원도 그러하므로 특별한 이야기가 아닌 것으로 보입니다. 하지만 혼자 공부하게 되면 언제 쉬는 것이 좋은지 얼마나 쉬는 것이 좋은지 혹은 얼마나 자주 쉬어야 하는지 등이 문제가 됩니다. 이렇게 보면 쉬는 일이 쉬운 문제가 아닙니다.

우선은 학교처럼 50분 정도 공부하면서 기계적으로 쉬는 것은 바람직하지 않습니다. 시간표를 짜놓고 쉬는 시간만은 칼같이 지키는 것은 효과가 없다는 겁니다. 자신은 시간표대로 착실히 공부하고 있다는 위로는 받을지 몰라도 실제로는 진전이 없기 때문입니다. 쉬어야 할 때는 공부하다 〈막힐 때〉입니다. 수학 문제가 더 이상 풀리지 않을 때, 단어가 더 머리에 들어가지 않을 때, 개념을 알기 위해 애쓰고는 있지만 좀처럼 파악이 안 될 때, 또는 체력이 달린다고 느낄 때 등입니다. 그러니까 집중하고 난 다음에 쉬는 것이 가장 효과가 있습니다. 머릿속에 아무것도 들어간 것이 없는데 쉬면 아무 의미가 없기 때문입니다.

집중한 후에 쉬면 머릿속에서는 막힌 것을 해결하기 위해 뇌가 부지런히 움직입니다. 물론 자신은 의식하지 못합니다. 하지만 뇌는 해결하지 못한 문제를 계속 풀고 있다가 마침내 새로운 관점에서 문제를 보고 새로운 생각을 내놓는다고 합니다. 쉬고 나니까 문제가 잘 보인다거나 글이 잘

써진다는 경험은 흔합니다. 사람들이 때때로 말합니다. 〈좀 쉬었다 해, 그럼 잘 보일 거야.〉 맞습니다. 뇌가 우리가 모르는 사이에 우리를 돕도록 기회를 주어야 합니다. 그러기 위해서는 집중할 때는 확실하게 집중하고, 쉴 때는 확실하게 잊고 쉬어야 합니다.

확실하게 잊고 쉬기 위해서는 하던 것과는 전혀 다른 것을 하는 것이 효과적입니다. 전문가들은 운동, 음악 듣기(특히 가사가 없는 음악), 노래 부르기나 악기 연주, 명상, 친구와 잡담, 메시지 보내기 등을 권하고 있습니다. 요컨대 책상에 앉아 학과 공부를 하고 있었다면 몸을 움직이라는 것이고, 몸을 움직이고 있었다면 책을 읽으라는 겁니다. 저는 쉬는 시간에는 주로 미술 화보를 봅니다. 서양, 중국, 일본 등 지역을 가리지 않고 시대도 가리지 않습니다. 특히 그림이나 조각, 도자기, 건축물의 사진을 보는 것을 좋아합니다. 제가 하는 일은 주로 글을 읽고 쓰는 것이라 적극적인 사고를 필요로 합니다. 그래서인지 쉬는 시간에는 그림 보는 것이 편하고 좋습니다. 그림을 볼 때는 수동적으로 되니까요. 꼭 이성적인 분석이나 탐구를 할 필요는 없지 않습니까. 그저 넘기면서 볼 뿐이지요.

그럼 쉬는 시간은 어느 정도가 적당할까요? 물론 사람에 따라 다르겠지만 보통 공부하는 중이라면 5분에서 10분 정도라고 합니다. 학교의 쉬는 시간과 비슷합니다. 하지만 이 시간이 절대적인 것은 물론 아닙니다. 머릿속에 들어간 것이 많고 복잡하면 더 시간을 주는 것은 당연합니다. 철학자 비트겐슈타인은 대학에서 철학을 가르쳤지만, 옛것을 가르치는 교수가 아니라 자신의 철학을 하는 철학자였습니다. 그래서인지 강의가 시작되어도 몇 시간을 말없이 창밖만 쳐다본 적도 있었다고 합니다. 자기 생각에 몰두한 것이지요. 이 정도로 집중한 경우라면 10분 정도 쉬어서는 회복될 것 같지 않습니다. 그는 강의가 끝나면 밖으로 나가 영화를 보곤 했습니다. 영화를 보는 것은 수동적인 일이라 그에게는 적당한 휴식이었습니다. 이처럼 사람에 따라, 하는 일에 따라 쉬는 시간은 다릅니다. 하지만 너무 오래 쉬어서 흐름이 끊긴다면 아니 쉰만 못하겠지요.

쉬는 것의 전제는 〈막힌다면〉입니다. 즉 막히지도 않았는데 쉬는 것은 도움이 되지 않는다는 것은 이미 말씀드렸습니다. 일하지 않으면 먹지도 말라는 말처럼 머릿속에 들어간 것이 없으면 쉬지 말아야 합니다. 배운 것을 다시 앞뒤로 왔다 갔다 하면서 이해한다든지 노트를 다시 펼쳐 보는 게 낫습니다. 또는 문제집을 다시 보거나 다른 사람에게 물어보아야 합니다. 어쨌든 집중하여 머릿속에 무엇인가 넣어야 쉴 필요가 생깁니다. 집중과 이완의 반복이 학습 효과를 높입니다. 이때 이완을 시차 두기의 일부라고 할 수 있습니다. 집중과 집중 사이에 이완으로서 쉬는 시간이 있는 겁니다.

쉬는 시간에 뇌는 우리도 모르게 일을 하여 새로운 시각을 알려 줍니다. 계속 공부하는 것보다 시차를 두는 것이 훨씬 유리하지요. 휴식을 취하면서 뇌의 도움을 얻을 수 있기 때문입니다. 쉼의 궁극적인 형태는 잠입니다. 잠을 자고 나면 뇌의 작업이 확실한 효과를 내니까요. 시차 두기는 잠을 사이에 둘 때 가장 효과적입니다.

섞어서 하면 효과가 더 좋다

섞어서 하라

예전에 테니스를 배운 적이 있습니다. 제일 먼저 배운 것은 포핸드였는데 한 달 정도 포핸드만 배우니 좀 지루했습니다. 그런데 옆에서 다 순서가 있다고 하면서 그다음에는 백핸드, 그다음에는 발리와 서브, 스매싱 순이라고 했습니다. 즉, 한 가지를 완벽히 익히고 난 후 다음 단계로 가야 효과적이라는 겁니다. 기초부터 배워야 한다는 뜻이었지요. 그런데 과연 이런 방식이 효과적일까요? 게임을 하기 위해서라면 먼저 서브부터 배워야 할 것입니다. 게임은 서브로 시작되니까요. 기초부터 배운다는 목적은 좋지만 이 경우는 아닌 것 같습니다. 아마 요즘에는 이렇게 가르치는 예는 없을 겁니다.

전문가들은 기술을 익힐 때 여러 가지를 섞어서 하는 것이 더 효과적이라고 합니다. 즉 테니스의 경우 포핸드, 백핸드, 발리, 스매싱, 서브 등을 매일 조금씩 섞어서 하면 처음에는 신통치 않지만, 시간이 흐르면 효과가 나타난다는 겁니다. 초반에는 진도가 빠르지 않아 실망하지만, 그다음 주에는 모든 면에서 훨씬 나아진다는 거지요.

한 우물을 파라는 말이 있습니다. 이것저것 하지 말고 한 가지를 골라 꾸준히 하면 성과가 있다는 의미로 진득하게 한 분야에 집중하라는 뜻으로 쓰입니다. 물론 좋은 말이지만 한 가지에 집중하는 와중에도 섞어서 하는 일이 필요합니다. 예를 들어 일본어를 배운다고 합시다. 발음이 기본이므로 발음을 다 공부하기 전에는 문법은 안 한다, 이런 일은 없습니다. 보통 읽기, 쓰기, 말하기, 듣기를 골고루 섞어서 합니다. 저도 시부야 학원에서 그렇게 배웠습니다. 발음, 문법, 회화, 작문이 섞여 있습니다. 그것을 적어 놓은 것이 시간표입니다. 시간표를 보면 같은 과목의 강의가 연속으로 짜인 경우는 별로 없습니다. 즉 우리는 이미 섞어서 하기를 실천하고 있던 겁니다.

몰아서 공부하는 것과 섞어서 공부하는 것의 차이를 알려 주는 실험이 있습니다. 이 실험은 그림을 보여 주고 그 그림을 그린 화가를 맞추는 것입니다. 여러분 생각은 어떤가요? 한 명씩 화가를 소개하고 작품을 가르친 다음 다른 화가로 넘어가는 게 나을까요, 아니면 섞어서 가르치는 것이 나을까요? 예를 들어, 마네 그림을 쭉 보여 주고 다음에는 드가, 그다음에는 고흐, 이런 식으로 배운 그룹이 있고, 마네, 고흐, 드가, 고흐…… 이렇게 화가에 따른 구별 없이 배운 그룹이 있습니다. 학습을 마친 후 시험을 보았습니다. 물론 시험은 정해진 순서 없이 무작위로 그림을 보여 줍니다. 결과는 섞어서 배운 쪽이 60퍼센트, 몰아서 배운 쪽이 37퍼센트 정도의 정답률로 꽤 많은 차이를 보였습니다. 성적으로 말하면 60점, 37점이니 상당한 차이이지요. 이 결과만 보면 섞어서 배우는 쪽이 학습에 훨씬 효과적입니다.

그런데 시험 후에 어느 쪽이 배우는 데 더 효과적이었느냐고 물어보니 학습자의 78퍼센트가 몰아서 하는 쪽이라고 답했습니다. 사실을 모른 채 자신의 판단을 말한 것인데 왜 이런 결과가 나왔을까요? 연구자들은 아마도 학습자들이 몰아서 제시된 그림에서 화가의 공통적인 패턴을 발견(?)했다고 착각하는 것이 아닐까 추측합니다. 즉 몰아서 보면 그 화가의 작풍을 더 쉽게 알 수 있다고 흔히 생각하나 사실은 오해라는 겁니다.

섞어서 하는 것이 효율적이라고 해도 보통은 시차 두기와 함께 시행됩니다. 앞의 예에서 마네를 보여 주고 다른 화가들을 보여 준 후 다시 마네를 보여 준다면 섞어서 한 동시에 시차를 둔 것입니다. 우리는 이미 시차 두기가 효과적이라는 사실을 압니다. 그렇다면 여기서 의문이 생깁니다. 이 실험의 경우 시차 두기 효과로 그런 결과가 나온 것이 아닐까요? 즉 겉보기에는 섞어서 하기이지만 사실은 시차 두기이지 않을까요? 아니면 두 가지가 동시에 영향을 미친 걸까요?

다른 실험이 하나 있습니다. 미국의 한 초등학교에서 네 가지 다른 유형의 수학 문제를 두 집단에게 풀게 했습니다. A 그룹은 유형 구분 없이 섞어서 문제를 풀었고, B 그룹은 유형별로 몰아서 풀게 했습니다. 다만 B 그룹은 중간에 내용과는 전혀 관계없는 것들을 집어넣어서 섞어서 하기와 동일한 시차 두기 효과를 만들었습니다. 하루 뒤 시험을 본 결과 섞어서 한 A 그룹은 78퍼센트, 몰아서 한 B 그룹은 38퍼센트의 정확도를 보였습니다. 확실히 섞어서 하기는 효과가 있습니다.

한 종목 안에서, 다른 종목들에 걸쳐

거의 모든 사람이 자신도 모르게 섞어서 하기를 하고 있습니다. 누가 온종일 수학만 하겠습니까. 누가 온종일 슛만 연습하겠습니까. 지겨워서 못 할 겁니다. 자신도 모르게 싫증이 나서 다른 것을 찾을 겁니다. 물론 예외도 있어 보입니다. 방송에 출연한 어떤 농구 선수가 자신은 밤늦게까지 슛을 연습했다고 합니다. 하루에도 몇천 개씩 던졌다는 것이지요. 다른 유도 선수도 같은 기술을 몇 달간 계속 연습하고 연습했다고 합니다. 이런 일은 비단 운동선수에 국한되지 않습니다. 과학자들도 한 가지 생각에 사로잡혀 몇 날 며칠 아니 몇 달씩 같은 실험을 합니다. 또 보통 사람들도 좋아하는 소설을 읽을 때는 휴가 때 며칠이고 밖에 나가지 않고 책 속에 빠져듭니다. 게임 좋아하는 사람도 마찬가지이지요. 아예 학교도 안 가고 게임만 하는 경우도 드물지 않습니다. 이런 사례들을 보고 한 가지에 미쳐야 성공한다는 말이 생겼는지도 모르겠습니다.

하지만 이런 사례는 예외적이고, 아마도 많은 경우 과장과 왜곡이 섞여 있을 겁니다. 예를 들어, 농구 선수가 온종일 슛 연습을 했다고 해도 여러 다른 환경을 상정하고 연습했을 겁니다. 2점 슛인지 3점 슛인지, 골대 밑인지 외곽인지, 외곽이라면 어느 지점인지, 달려오면서 하는 슛인지 정지해서 하는 슛인지, 수비를 달고 하는 슛인지 마크가 없이 하는 슛인지 등등. 슛을 쏘는 상황은 헤아릴 수 없을 만큼 다양하기 때문입니다. 이 모두를 그냥 슛 연습을 온종일 했다고 말할 수도 있지만 섞어서 하기 관점에서 보면 오해의 소지가 큽니다. 동일한 활동처럼 표현했지만, 실제로는 그 안에서 섞어서 했기 때문입니다. 이렇게 했다면 당연히 능률이 올랐겠지요.

섞어서 하기에는 두 종류가 있습니다. 하나는 위에서 본 숫 연습처럼 한 종목에서 여러 가지를 섞는 것이고, 다른 하나는 학교 시간표처럼 다른 종목을 섞는 것입니다. 수영을 한 종목으로 분류할 수도 있지만 수영 안에는 자유영, 접영, 평영 등 여러 종목이 있습니다. 한 종목 안의 다양성이겠지요. 그런가 하면 주종목을 훈련하는 틈틈이 축구, 야구, 농구, 테니스 등 다른 종목을 곁들여 배우는 선수도 있습니다.

섞어서 하기를 이렇게 두 가지로 본다면 그 범위는 매우 넓어집니다. 한 시간 강의라면 그 안에도 역시 섞어서 하기가 있습니다. 강사는 한 시간 내내 관련 내용만 강의하는 게 아니라 개인적인 잡담, 농담, 질문과 답변 등 여러 가지를 섞어 지루하지 않게 하려 합니다. TV 프로그램도 마찬가지입니다. 예능의 경우 춤, 노래, 토크 등을 섞어 놓습니다. 섞어서 하기는 이미 우리 생활에 깊숙이 들어와 있습니다. 이제는 공부할 때도 의식적으로 적용해야 합니다.

하지만 이런 반론이 가능합니다. 섞어서 하기가 반드시 좋은 것은 아니다. 소설이나 게임을 보라. 한 가지만 할 때 오히려 더 재미있지 않은가. 물론 그런 면이 있습니다만, 학습 측면에서 보면 조금 다릅니다. 같은 소설을 온종일 보는 것은 배움이라기보다 취미생활로 보이기 때문입니다. 무언가를 배우는 것이 아니라 무언가를 즐기고 있는 것이지요. 배움은 힘들고 취미생활은 즐겁습니다. 무언가를 하고 있는데 즐겁다면 일단 배우는 것은 아닐 겁니다.

다양하게 학습하기

조금 믿기 어려운 실험이 있습니다. 여덟 살짜리 어린이들이 양동이에 콩주머니를 넣는 게임을 합니다. 한 무리는 3피트(1피트는 약 0.3미터) 거리에서 연습하고, 다른 무리는 2피트와 4피트 떨어져서 연습합니다. 12주가 지난 후 두 무리는 3피트 떨어진 곳에 있는 양동이에 콩주머니를 넣는 평가를 받았습니다. 결과는 한 번도 3피트 거리에서 던져 본 적이 없는 무리가 월등한 차이로 이겼습니다. 어떻게 이런 일이 일어난 것일까요? 우리는 보통 한 가지를 다 익히기 위해 연습하고 연습하고 또 연습하라고 배웁니다(테니스에서 포핸드를 익힐 때 들었던 이야기입니다). 이와 같은 믿음에서 3피트 던지기를 한 무리는 오로지 3피트에서만 연습했습니다. 그런데 시합 결과는 정반대였습니다. 2피트와 4피트 거리에서만 연습하다가 처음으로 3피트를 던진 다른 무리에게 진 것입니다.

전문가들은 더 잘 배우고, 더 오래 기억하고, 더 응용을 잘하려면 시차 두기, 섞어서 하기 그리고 다양하게 하기를 하는 편이 좋다고 말합니다. 이런 결과는 최근 뇌를 영상으로 볼 수 있는 장치가 나온 후 어느 정도 밝혀졌습니다. 다른 종류의 연습은 뇌의 다른 부위에 관여한다는 겁니다. 즉 단조로운 연습과 더욱 복잡한 연습이 관여하는 부위는 서로 다른데, 나중에 다양한 환경에 적용할 때에는 복잡한 쪽이 훨씬 더 효과적이라는 겁니다. 다양하게 연습을 하면 연습에서는 훨씬 힘이 들이지만 응용할 때는 더 쓰임새가 있다는 말입니다. 위에서 한 가지 정해진 거리(즉 3피트)에서 연습하는 것과 다양한 거리(2피트와 4피트)를 오가면서 연습하는 것 중 어느 쪽이 더 복잡한지는 쉽게 알 수 있을 겁니다.

다양하게 하는 것이 유리하다는 것을 입증하는 실험이 하나 더 있습니다. 단어 만들기 게임입니다. 예를 들어, tmoce가 주어지면 comet(혜성)을 만드는 것입니다. 한 그룹은 같은 단어 만들기를 거듭 연습했고(매번 특정 단어가 나오도록 연습), 다른 그룹은 여러 가지 종류의 단어 만들기(매번 다른 단어가 나오도록 연습)를 했습니다. 그리고 앞의 그룹이 했던 그 단어 만들기 문제로 테스트했습니다. 그런데 여러 가지를 했던 그룹이 이겼습니다. 앞의 콩주머니

게임 사례와 비슷합니다. 이런 사례는 의외로 꽤 있습니다. 풀코스 마라톤에서 우승한 선수가 풀코스는 처음이라고 말하는 예도 있고, 자신의 주종목이 아닌데 처음 출전해 금메달을 따는 수영 선수도 종종 있습니다. 다양하게 하기는 꽤 쓸모 있는 공부의 기술의 하나입니다.

유사한 것을 구별하라

고등학교 때 칼날 인(刃)과 칼 도(刀)를 구별하지 못해 시험에서 틀린 적이 있는데, 지금도 그때 생각이 납니다. 점 하나 차이인데 뜻이 이렇게 달라지다니, 이런 기분이었습니다. 특수(特殊)와 특별(特別)을 구별하지 못한 것도 생각나는군요. 반대말 쓰기 시험이었는데 보편의 반대말을 쓰라는 문제였습니다. 저는 특별이라고 썼고, 틀렸습니다. 보편의 반대말은 특수, 보통의 반대말은 특별이라는 것을 그때 처음 알았습니다. 요즘은 〈틀리다〉와 〈다르다〉는 다르다는 사실을 알고 많이들 구별해 쓰고 있습니다. 아는 것의 상당 부분은 구별에 있습니다. 비슷해 보이고, 잘 구별이 되지 않고, 특별히 구별할 필요가 없어 보이지만 구별을 해야 하는 경우가 많이 있습니다.

전문가들은 구별하는 능력은 섞어서 하기와 다양하게 하

기를 통해 얻어진다고 합니다. 앞서 나온 화가를 구별하는 실험과 함께 〈새를 구별하는 실험〉을 제시합니다(화가 한 사람씩 칸막이식으로 공부하는 것과 여러 화가를 섞어서 제시하는 방법 중 섞는 쪽이 효과적이라는 것을 이미 확인했습니다). 새를 구별하는 실험은 같은 과에 속하는 새 열두 마리를 구별하는 것입니다. 구별하려면 새의 크기, 깃털, 행동양식, 장소, 부리, 형태, 홍채 색깔 등을 알아야 합니다. 그런데 이 구별은 쉽지 않다고 합니다. 같은 과이므로 공통점이 많기 때문입니다. 예를 들어, 부리만 해도 대부분의 새가 길고 살짝 굽은 부리를 갖고 있습니다. 차이가 미묘합니다. 이렇게 때문에 새를 분류하는 것은 단순히 특징을 외우는 것이 아니라 개념을 배우고, 판단을 내리는 일입니다. 그래서 몰아서 학습하는 것보다 섞어서 다양하게 연습하는 것이 종과 과를 연결하고 구별하는, 겉으로 드러나지 않는 근본적인 개념을 배우는 데 효과적이라고 합니다.

새 분류가 어렵다면 가족 유사성을 생각해 보는 것도 좋겠습니다. 가족은 모두 다르게 생겼습니다. 가족이 다섯 명이라고 한다면 다섯 명 모두가 갖는 공통점은 없습니다. 가령 코만 해도 다섯 명 모두 똑같은 모양의 코를 가진 경우는 없다는 겁니다. 가족끼리 부분적으로 겹치는 것이지요. 그럼에도 불구하고 우리는 이 사람들을 가족이라고 부릅니다. 따라서 생김새로 한 가족이라 판단하는 것은 여간 어렵지 않습니다. 옆에서 저 사람들은 가족이라고 알려 주기 전에는 알아채지 못하는 경우도 흔합니다. 전문가들이 말하는 바는 이런 구별을 해내는 데 섞어서 다양하게 연습하는 것이 도움이 된다는 겁니다. 특히 사실을 확인하는 데 그치지 않고 숨겨진 개념을 잡아내고 판단이 필요한 고차원적인 문제에서는 이런 훈련이 필요합니다.

칸막이 연습을 피하라

다시 한번 섞어서 하기 이야기를 하겠습니다. 섞어서 하기와 다양하게 하기를 강조하기 위한 것이니 이미 충분히 알고 있다면 넘어가셔도 됩니다. 야구에서 투수가 차지하는 비중은 아주 높습니다. 야구를 투수 놀음이라고도 할 정도지요. 타자는 투수의 볼 종류(구종)를 파악하기 위해 애씁니다. 직구, 커브, 슬라이더, 포크볼, 커터 등 구종이 아주 다양하기 때문입니다. 투수가 아무리 빠른 볼을 던진다 해도 한 구종만 계속 던진다면 타자는 얼마 후 익숙해져 쳐내고 맙니다. 따라서 투수는 여러 구종을 섞어서 던집니다. 물론 순서는 항상 바뀝니다. 몇 가지 구종을 일정한 순서로 던진다면 이 역시 타자가 즉시 눈치를 챌 것이기 때문이지요.

따라서 투수는 항상 정해진 순서 없이 여러 구종을 던지려 합니다. 상대는 이 패턴을 알아내기 위해 눈치싸움을 벌이고, 간혹 사인을 훔치는 불법 행위까지 저지릅니다.

그럼 투수는 실전에서 다양한 구종의 볼을 섞어 던지기 위해 어떻게 연습할까요? 이미 짐작하셨겠지만 한 구종을 연습하고 그다음 구종으로 넘어가는 것은 효과적이지 않습니다. 직구를 다 익힌 후 슬라이더, 슬라이더 후 포크볼, 이런 식은 아니라는 것이지요. 모든 구종에 대해 요령을 배우고 섞어서 훈련하는 것이 효과적이라는 겁니다. 이 방식은 익히는 데에도 효과적이지만 실전에서는 더욱 가치가 있습니다. 실전에서는 순서 없이 섞어 던져야만 하니까 평소 연습 때 그렇게 하는 것이 더 도움이 되기 때문입니다. 그런데도 막상 연습할 때에는 직구, 커브, 슬라이더 등을 칸막이 방식으로 연습하는 예도 있습니다. 왜냐하면 직구만 연습한 뒤 직구 테스트를 하면 구질 상태가 아주 좋기 때문입니다. 커브도 마찬가지입니다. 테스트 때에는 모든 구종이 아주 믿음직해 보입니다. 하지만 실전은 다릅니다. 순서 없이 섞어 던지는 데 익숙하지 않으면 연습 때의 구질보다 훨씬 못 미칩니다.

이런 결과를 뒷받침하는 실험이 있습니다. 대학생들에게 쐐기, 회전 타원체, 구형 원뿔, 반 원뿔 등 네 가지 기하학적 고체의 부피 내는 법을 알려 주고 테스트했습니다. 한 그룹은 고체 하나의 해법을 알려 주고 네 문제를 연습하게 한 다음, 다른 고체의 해법을 알려 주고 다시 연습하게 하는 칸막이식으로 진행했습니다. 다른 그룹은 네 개의 해법을 모두 알려 준 후 섞어서 모두 열여섯 문제를 연습하게 했습니다. 연습 때는 칸막이식으로 학습한 그룹의 성적이 90점, 섞어서 학습한 그룹이 60점 정도였으나, 일주일 후 테스트에서는 칸막이식이 20점, 섞어서 학습한 그룹이 60점이었습니다. 칸막이식은 연습 직후는 90점으로 점수가 매우 높았으나 일주일 후에는 급격히 떨어졌고, 섞어서 학습한 학생들은 모두 60점으로 큰 변화가 없었습니다. 결국 중요한 것은 시간이 지난 후의 결과이겠지요.

이 실험을 통해 두 가지 사실을 알 수 있습니다. 첫째, 섞어서 학습하는 방식이 장기 저장에 유리하다는 점이고, 둘째 (아마도 더 중요한 사실일 텐데) 사람들이 칸막이식 연습을 버리지 못하는 이유입니다. 연습 직후의 성과는 칸막이식이 월등하므로 이 인상이 오래 남는다는 것이지요. 〈봐라, 효과가 있지 않은가!〉 이런 기분이 든다는 겁니다. 이 실험은 섞어서 하는 것이 효과적이라는 것을 보여 주는 실험이지만 왜 칸막이식 학습이 심리적으로 효과적인지도 보여 줍니다.

저는 거의 매일 한 시간 정도를 걷고 있습니다. 계속 한 시간을 걷는 것은 아닙니다. 아침, 점심 그리고 밤, 이렇게 나눠서 걷습니다. 저는 글을 쓰는 것을 일로 삼고 있습니다. 책을 읽거나 글을 정리하는 것이 대부분인데 주로 앉아서 머리를 쓰는 일이지요. 그래서 저는 일부러 반대되는 일을 합니다. 일어나서 걷는 겁니다. 머리보다는 다리를 씁니다. 걸을 때는 별생각을 하지 않습니다. 뭐, 특별히 할 생각이 없어서라기보다 공기, 나무, 자동차, 상점, 사람들을 보고 즐기는 쪽이 더 좋기 때문입니다. 〈바람이 분다, 살아야겠다〉는 폴 발레리의 시구가 있다고 하는데 제 심정과 흡사합니다. 바람을 맞을 때 살아있다는 느낌이 확실히 듭니다. 책상 앞에서는 느끼기 힘든 순간들입니다. 머리가 아니라 온몸 전체로 자신을 느끼는 일은 기분 전환도 되고 정신이 맑아지는 데도 도움이 됩니다. 섞어서 하기, 다양하게 하기에 해당할지도 모르겠습니다.

다른 사람에게 설명하라

고등학교에 다닐 때 수업 중간에 쉬는 시간은 큰 즐거움이었습니다. 특히 점심시간이 좋았는데 친구들에게 제가 그 전날 읽은 책 이야기를 해주었기 때문입니다. 〈귀신은 있는가?〉〈우리가 처음은 아니다. 우리 전에도 지구에 문명이 있었다.〉〈파스칼의 『팡세』에 나오는 도박.〉〈『돈키호테』가 왜 위대한 소설인가?〉〈재일동포 야구 선수 장훈의 일본에서의 활약.〉 주제를 가리지 않고 제가 읽은 것을 이야기해 주면 친구들은 재밌어했습니다. 한번은 담임선생님이 부르셔서 점심시간에 딴짓 하지 말라는 경고까지 하셨습니다. 우리 반 시험 평균이 떨어진다는 이유였지요. 그때는 몰랐지만 지금 생각해 보면 제가 이야기를 하면서 전날 읽은 내용을 정리하고 있었고, 저도 모르게 논리적으로 재구성했던 것 같습니다. 그리고 친구들의 질문을 통해 이야기의 허점을 알게 되었습니다. 그럼 저는 속으로 당황했고, 이야기가 끝난 후에는 저도 모르게 보완하려고 했습니다. 그리고 다음 날은 그렇게 보완된 새 이야기를 또 했지요. 친구들 앞에서 이야기하는 과정을 반복하면서 제 이야기도 차츰 좋아진 것이 아닐까 합니다. 하지만 문제는 그 내용이 학교 공부가 아니었다는 겁니다. 미적분을 풀고 그다음 날 미적분에 대해 말했다면 담임선생님의 경고도 없었겠지요(아니면 세계사 이야기도 좋았을 겁니다).

하지만 그것이 지구 종말론이든 미적분이든 상관없습니다. 중요한 것은 자신이 아는 걸 남들 앞에서 설명해 보는 행위 자체가 지식에 대한 이해를 높이는 데 유용하다는 겁니다. 설명하는 행위는 자신의 지식을 객관화하는 열쇠입니다. 남에게 설명하려면 자신의 언어나 이해가 아니라 상대방의 이해에 초점을 맞춰야 하기 때문입니다. 혼자 입속에서 웅얼웅얼한다고 상대에게 전달되는 것은 아니니까요. 일단 객관화하면 보이지 않던 게 보입니다. 그러면 고쳐야 할 것이 눈에 띄고, 내용의 일부를 보완하거나 적절히 수정할 수 있습니다. 그렇게 지식이 견고해집니다.

자신의 얼굴을 신경 써서 보지 않던 사람이 문득 사진을 보고 자신이 생각했던 것과는 생김새가 많이 다르다는 것을 알게 됩니다. 그것이 객관화입니다. 영상에 비친 자신의 모습에 만족 못 하는 사람이라면 이미지를 바꾸려고도 하겠지요. 대단한 입담꾼이 아닌 이상 남에게 설명하고 그 설명에 만족해할 사람은 별로 없을 겁니다. 설명하기는 지식을 견고하게 하는 아주 좋은 방법입니다. 즉 남에게 설명하기 전과 설명하고 난 후는 다른 모습이라는 것이지요.

한 실험에 의하면 사람들은 자신이 복잡한 과정을 실제보다 훨씬 잘 안다고 착각하고 있다고 합니다. 예를 들어 DNA의 이중나선 구조에 대해 잘 안다고 여기는 사람에게 그 과정을 단계별로 설명해 보라고 하면 생각만큼 잘 알고 있지 못하다는 사실이 드러난다는 겁니다. 경제학에서 수요-공급 곡선은 기초 중의 기초입니다. 경제학과 학부생들은 본인들이 잘 안다고 생각할 겁니다(그런데 저명한 경제학자들이 종종 자신은 그 곡선을 잘 모른다고 대답합니다. 너무 많이 알아서 나오는 반응이겠지요). 무언가 잘 안다고 확신하는 사람들이 있다면 그들에게 설명을 해보라고 요청하면 됩니다.

물론 공부하는 모든 문제에 대해 남에게 설명할 시간이나 여유를 갖기란 힘듭니다. 학업에 바쁜 학생이라면 더 그렇겠지요. 그럴 때 설명하는 대신 테스트를 하면 됩니다. 문제집을 푸는 것이지요. 내가 이 문제나 개념을 이해했는지 확인하는 절차입니다. 테스트 없이 개념을 안다고 생각하면 착각입니다. 테스트가 남에게 하는 설명 대신입니다. 〈설명하기〉와 마찬가지로 테스트를 자주 할수록 지식은 견고해집니다.

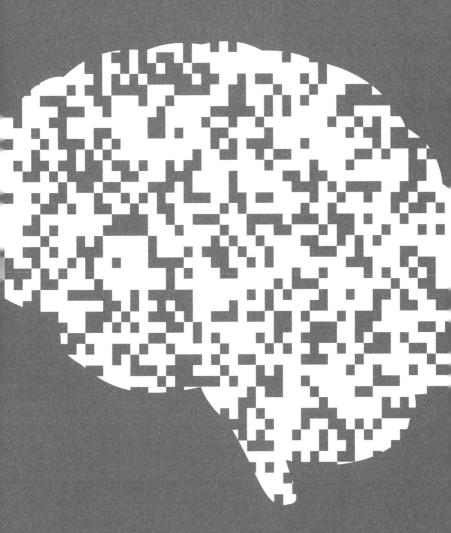

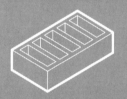

충분히 자야 한다

아침 8시 30분에 똥을 누는 것이 건강에 좋다고 전문가들은 말합니다. 류머티즘 관절염 통증이 가장 심한 시간은 아침 6시이고, 악력의 강도는 오후 5시 30분이 최고라고 합니다. 인간의 생체 리듬을 연구한 결과입니다. 전문가들은 생체 리듬 시계가 인간 몸에 내장되어 있다고 여기는 겁니다. 이 연구에 따르면 밤 10시 30분에 내장 운동은 감소합니다. 이 시간에 야식을 먹으면 내장에 많은 부담이 가겠지요. 이후 자정부터 2시까지 수면 욕구가 최대치에 이른다고 하니 이때는 잠을 자야겠지요. 이런 생체 리듬에 의하면 공부하기에 최적의 시간은 오전 10시부터 12시까지입니다. 이때가 논리적 추론 능력이 최고조이기 때문입니다. 반면 이성적 추론 능력이 가장 떨어지는 시간은 새벽 4시 반이라고 합니다. 그럼 생체 리듬에 따라, 오전 10시에서 12시까지 수학이나 과학을 공부하면 가장 효과적이겠지요. 맞습니다. 하지만 이것은 어른에게만 해당합니다. 즉 앞의 생체 리듬은 어른에게만 해당하기에 청소년은 다르게 적용해야 합니다.

청소년은 보통 어른보다 생체 리듬이 두 시간 늦습니다. 정오에서 2시 사이에 수학이나 과학을 공부하는 것이 효과적입니다. 그런데 이때는 학교에서 점심시간 아닙니까. 생체 리듬에 맞지 않는군요. 그런데 문제는 등교 시간에도 있습니다. 보통 8시나 9시까지 학교에 가는데 이 또한 어른의 생체 리듬에 맞춘 겁니다. 이보다 두 시간 늦춰야 청소년의 리듬과 맞게 될 겁니다.

여기서 생체 리듬에 대해 말하는 이유는 잠 때문입니다. 어른은 하루 최소 여덟 시간을 자야 하고, 청소년은 아홉 시간은 자야 정상이라고 합니다. 사춘기에 잠을 많이 자는 것은 자연스러운 일이고, 생체 리듬으로 보자면 자정에서 새벽 2시까지 수면 욕구가 최고치이므로 늦게까지 안 자는 것 역시 자연스럽습니다. 문제는 하루에 아홉 시간 자기가 어렵다는 겁니다. 저도 어렸을 때 사당오락(四當五落)이라는 말을 듣고 자랐습니다. 즉 하루에 네 시간 자면 대학 입시에 붙고 다섯 시간 자면 떨어진다는 뜻인데, 당시에는 이 말이 상당히 유행했습니다. 생체 리듬에 비추어 보면 역행했던 셈이지요.

잠을 충분히 자지 않으면 학습 효과는 현저히 떨어집니다. 여러 연구에 의하면, 신선한 뇌로 한 시간 공부하는 것이 피곤한 뇌로 세 시간 학습한 것과 효과가 비슷하다고 합니다. 그렇다면 잠을 충분히 잔 사람이 네 시간 공부해야 할 내용을 뇌가 피곤한 사람은 열두 시간을 해야 합니다. 어느 쪽이 효과적인지는 분명해 보입니다.

그럼 우리가 자는 동안 뇌에서는 무슨 일이 일어날까요? 앞에서 얘기했지만, 좀 더 자세히 알아보겠습니다. 신경세포 뉴런은 실제로 변하는데, 우리가 무엇인가 배우고 잠을 자면 큰 변화가 일어난다고 합니다. 신경세포의 가지돌기 dendrite를 보면, 배우고 자기 전과 배우고 잔 후의 모습이 다릅니다. 수면 후에는 가지돌기에서 가지돌기 가시dendritic spine가 돋아난 것을 볼 수 있습니다. 그런데 이 가지돌기 가시가 다른 뉴런의 축삭돌기axon와 함께 시냅스를 만듭니다. 이것은 뇌 연계가 강화되는 것을 말합니다. 즉 우리가 잠든 사이에 우리도 모르게 일어나는 뇌 연계 강화 효과입니다.

뇌에 생기는 독성 물질도 문제입니다. 깨어 있을 때는 뇌에 독성 물질이 생기는데, 오래 깨어 있을수록 더 많은 독성 물질이 생깁니다. 물론 독성 물질은 뇌의 활동을 저해합니다. 뇌세포 사이에 생겨나서 뇌세포 간의 작용을 못 하게 막는다고 합니다. 그런데 잠을 자면 뇌세포 사이에 공간이 생기고 이 틈을 통해 독성 물질이 씻겨 내려갑니다. 그 결과 잠에서 깨어나면 마치 재부팅한 컴퓨터처럼 뇌가 깨끗해집니다. 이것이 밤사이 우리가 잠든 사이에 일어나는 업그레이드입니다.

잠의 효과를 보여 주는 실험이 있습니다. 참가자들에게 〈수 약분 과제number reduction tasks〉를 풀게 했습니다. 참가자들이 숨은 패턴을 찾아내서 문제를 풀어야 하는데 일단 그 패턴을 알아내기만 하면 금방 풀립니다. 먼저 문제 세트를 연습시키고 여덟 시간 후에 불러서 숨은 패턴을 찾았는지를 다시 테스트합니다. 여덟 시간을 자고 온 무리는 60점, 그 시간에 깨어 있던 무리는 20점 정도를 얻었습니다. 엄청난 차이를 보인 것입니다. 잠을 자고 나면 머리가 개운해지고 갑자기 좋은 생각이나 통찰력이 생기는 경험을 해보셨을 겁니다. 앞의 실험은 잠이 기억에만 도움을 주는 것이 아니라 통찰력이나 시각에도 좋은 영향을 준다는 걸 보여 줍니다.

유튜브에서 어린 진돗개의 훈련 과정을 본 적이 있습니다. 〈앉아〉, 〈엎드려〉 등의 동작 명령을 가르쳤는데 별로 효과가 없었습니다. 진돗개는 어려워했고 주인은 너무 어린 것이 아닐까 생각했습니다. 일단 훈련을 멈추고, 그 어린 진돗개를 다른 강아지와 한동안 신나게 뛰어놀게 놔뒀습니다. 그다음 다시 〈앉아〉, 〈엎드려〉 등의 동작을 지시했는데 놀랄 만큼 잘 따라했습니다. 다른 요인은 없어 보였습니다. 시차가 있었고, 그 시간에 전혀 다른 놀이를 했을 뿐이지요. 저는 노는 동안에 뇌가 알아서 학습했다고 여깁니다. 혹시 잠이 하는 역할을 놀이가 해준 게 아닐까요?

지금은 누구나 수면이 부족하고 잠을 잘 자지 못하는 시대입니다. 하지만 잠을 잘 못 자면 뇌에 큰 부담이 갑니다. 물론 잠을 적게 자고도 성공한 사람들의 이야기는 흔합니다. 나폴레옹도 4~5시간밖에 안 잤다고 합니다. 물론 그런 사람이 있겠지요. 하지만 보통 사람은 그렇지 않습니다. 과학이 입증하고 있습니다. 너무 깨어 있는 시간을 믿을 필요는 없어 보입니다. 열심히 배우고 익히지만, 나머지는 잠에 맡겨야 합니다. 나머지는 잠이 알아서 해줍니다. 잠의 힘을 믿고 충분히 주무십시오.

매일 조금씩

벽돌공이 벽을 만드는 과정을 보면 처음에는 벽돌만 보입니다. 벽돌이 하나씩 위로 옆으로 놓이면서 벽이 생기니까요. 그런데 가만히 보면 벽돌만 쌓는 것이 아니라, 벽돌

사이에 회반죽을 바릅니다. 회반죽은 한꺼번에 바르지 않고, 벽돌을 쌓을 때마다 차례차례 시간을 두고 바릅니다. 한꺼번에 바른다면 무너져 내리겠지요. 그러니까 회반죽 없이는 아무리 벽돌이 있어도 벽은 만들 수 없을 겁니다. 이회반죽에 해당하는 것이 바로 잠입니다.

앞서 잠의 역할에 대해 충분히 설명했습니다. 여기서는 잠을 통해 장기 기억력을 높이는 구체적 방법에 대해 말하고자 합니다. 우리의 뇌는 어떤 주제에 대해 며칠 동안 매일 일정 시간을 공부하면 장기 기억으로 보존하게 되어 있다고 합니다. 여기서 며칠 동안이라면, 몇 번의 잠이 포함된다는 얘기입니다. 중요한 것은 며칠 동안 계속 공부해야 효과가 있다는 겁니다. 같은 주제에 관한 공부가 하루, 이틀로 그치면 그 흔적은 사라집니다. 뇌 사진을 보면 새로운 공부를 하고 수면을 취하면 돌기가 생기지만, 더 이상 공부를 하지 않으면 돌기는 감쪽같이 사라진다고 합니다. 진공청소기가 빨아들인 것처럼 말입니다. 처음 공부를 하고 생겨난 돌기는 며칠간 공부를 지속하면 뇌 연계를 강화합니다. 장기 저장된 기억은 이제 나중에 불러내 사용할 수 있습니다. 하지만 한두 번 공부하고 말면 돌기는 사라지고 안 배운 것과 다름없습니다. 벼락치기는 안 된다고 말했는데, 하루 이틀 아무리 열심히 공부를 해도, 회반죽이 없다면(그리고 며칠간 반복하지 않는다면) 벽은 생기지도 않고, 만들어지고 나서도 곧바로 무너져 내립니다.

어떤 사람은 매우 부지런하여 먼저 공부합니다. 월요일이 시험인데 일주일 전에 시험공부를 다 해놓고 여유 있게 지냅니다. 공부하기 싫어서 미루고 미루다 시험 전날 벼락치기 하는 것보다 훨씬 나아 보입니다. 하지만 이런 상태로 시험을 보면 낭패를 당합니다. 왜냐하면 일주일 전에 해놓은 공부는 시험 당일에는 별로 기억나지 않기 때문입니다. 시험 보기 전까지 매일 조금씩이라도 상기시켜 놓아야 합니다. 그래야 뇌가 기억을 강화할 수 있기 때문입니다. 저도 비슷한 경험을 하곤 합니다. 어떤 주제에 대해 원고를 씁니다. 한두 달 정도 썼는데 갑자기 다른 일로 공백이 생깁니다. 몇 달 뒤 원고를 보면 무슨 이야기를 썼는지도 생각이 안 납니다. 물론 앞으로 쓸 것도 생각이 안 나지요. 마치 남이 쓴 글처럼 읽게 됩니다. 복구하려면 꽤 시간이 걸립니다. 역시 조금씩이라도 해야 합니다. 뇌 안에 닦아 놓은 길을 가끔이라도 밟아야 합니다. 그래야 필요할 때 즉시 복귀할 수 있습니다.

자기 전에 계획을 세워라

잠의 효과를 잘 표현한 소설의 한 대목이 있습니다. 일본 작가의 추리 소설인데 다음과 같습니다.

  잠을 잘 때 제 마음은 식물처럼 조금씩 성장하는 것 같습니다. 제 마음을 떠도는 무수한 사념의 조각, 분명 잠들기 전에 보고 들은 것들이 원래부터 지니고 있던 지식과 합쳐져서 정리됩니다. 그리고 잠에서 깨어나면 전보다 조금 똑똑해진 것 같은 기분이 듭니다.

적절한 비유라는 생각이 듭니다. 우리가 잠든 사이에 여러 가지가 자신도 모르게 정리되어 아침이면 더 똑똑해진 기분이라는 것인데, 뇌과학의 연구 성과와 다르지 않습니다. 그런데 당연히 텅 빈 머리로 잔다면 뇌가 할 일이 없으므로 곤란합니다. 자기 전에 해야 할 것이 있습니다. 학습을 하고 자야 하고, 다음 날 할 것을 머릿속으로 미리 정리해야 합니다.

  공부하려고 책상 앞에 앉았을 때 실제 공부로 돌입하기까지는 꽤 시간이 걸립니다. 괜히 책상을 정리하고 샤프도 점검하고 평소에 안 하던 문제집도 정리하고 물도 마시고 휴대전화를 만지작거리고…… 꽤 시간이 지나야 합니다. 〈시작이 반이다〉를 마음속으로 외치고 나서 시작하는 때도 많습니다. 이런 지연은 공부에 지장을 줍니다. 그런데 이렇게 되는 이유는 전날 계획을 세우지 않았기 때문입니다. 전날 계획을 세웠다면 책상에 앉자마자 바로 생각했던 과목에 착수했을 겁니다. 예를 들어, 수학, 영어, 세계사, 지리를 내일 공부해야 한다면 자기 전에 순서를 정해야 합니다. 수학 – 영어 – 지리 – 세계사 순으로 해야겠다고 마음먹었으면 다음 날 그대로 실행하면 됩니다. 책상을 앞에 두고 앉아서 생각할 게 없습니다.

이처럼 곧바로 공부에 착수하기 위해서는 습관이 배어 있지 않으면 안 됩니다. 저는 전날 계획을 정하는 습관을 권합니다. 최소한 당일 의자에 앉아 무엇을 할까를 정할 필요가 없으니 훨씬 수월합니다. 그리고 계획을 짤 때 무작위로 하는 예는 없습니다. 생각하게 됩니다. 지금의 상황을 평가하게 되고 앞으로 어떻게 해야 할지를 고민하게 됩니다. 수학을 먼저 한다면 구체적으로 어느 부분을 할 것인지, 어느 문제집을 풀 것인지 혹은 시간은 얼마나 할애할 것인지 등을 생각하지 않을 수 없습니다. 다른 과목도 마찬가지입니다. 이렇게 되면 자연스럽게 공부 전반에 대한 평가나 복기가 됩니다. 그리고 자기 전에 생각했기에 잠이 심화학습을 시켜 줍니다. 따라서 다음 날 딴짓 하는 시간을 많이 없애 줍니다.

여행할 때 지도가 있으면 편합니다. 일정을 예상할 수 있고 그에 맞춰 계획을 짤 수 있어 심리적으로 안정되고 실제로도 효과적입니다. 〈어디에서 어디로 몇 시간 걸려 가는데 무슨 버스를 탄다〉, 〈점심은 어디에서 무엇을 먹는다〉 등등. 이런 식으로 먼저 계획하면 설사 그대로 실행되지 않는다고 해도 도움이 됩니다. 그렇게 되지 않을 경우를 대비해 다음 계획도 생각해 놓기 때문이지요. 그리고 머릿속으로 먼저 이미지를 그려 보는 것도 실제 상황에 큰 도움이 됩니다. 공부도 여행 일정을 짜는 것처럼 계획을 세워 두면 좋습니다.

흥미 없는 것에 집중할 수 있을까?

사람은 누구나 자신이 좋아하는 것에 집중합니다. 노래방에만 가면 집에 가기를 잊은 듯 노래하는 사람이 있고, 게임을 시작하면 바로 동공이 확대됨과 동시에 식음을 전폐하며 빠져드는 사람도 있습니다. 온종일 영화를 보면서 작은 잡음이나 소음도 용납하지 않고 집중하는 영화 애호가도 있습니다. 누가 시키지 않아도 그들은 열심히 거기에 집중합니다. 다만 여기서 문제 삼는 것은 다른 것에는 열심이고 집중력이 뛰어난데 공부만은 흥미가 없고 집중하지 않는 경우입니다.

제 경우 지금까지 공부한 시간 중 가장 집중했던 시기가 몇 번 있습니다. 중학교 3학년 때 고등학교 입시(당시에는 고등학교 입시가 있던 때였습니다)를 코앞에 두고 한 일주일 집중적으로 공부했던 기억이 납니다. 처음 치르는 입시였기에 반짝 집중해서 전 과목 문제집을 일주일 동안 하나씩 풀었던 기억이 납니다. 두 번째 역시 입시와 관련 있습니다. 재수할 때 한 10개월간 매우 규칙적인 생활을 하면서 하루하루 집중해서 공부했습니다. 세 번째 역시 대학 입시와 관련 있는데, 군 제대하고 한 7개월 동원 집에서 혼자 계획을 세우고 문제집과 참고서를 사서 공부했습니다. 모든 것을 스스로 정해서 집중한 시기라 아직도 기억에 남는군요.

제가 이토록 집중했던 것은 공부가 좋아서는 물론 아니었습니다. 공부를 좋아하는 사람, 특히 입시 대비 공부를 좋아하는 사람은 극히 드물겠지요. 제가 집중했던 이유는 해야만 했기 때문입니다. 즉 절박함 때문이었지요. 시험에 붙어야겠다, 붙으면 좋겠다, 이런 바람과 절박함이 어우러져 집중하게 되었지요. 누구나 위기를 느끼거나 상황이 절박하면 사태를 해결하기 위해 집중하기 마련입니다. 하지만 살면서 어떻게 절박한 일만 있겠습니까. 일상적인 교육을 받을 때 집중해야 하고, 남의 이야기를 들을 때 집중해야 하고, 설명서를 볼 때도 집중해야 하고, 매매 서류에도 집중해야 하고…… 아무튼 집중할 게 너무도 많습니다.

공부를 열심히 하는가도 중요하지만 얼마나 집중해서 하는가는 더 중요합니다. 집중하는 습관을 기르는 데 성공한다면, 비단 학교 성적이 아니더라도 사는 데 무척이나 도움이 될 겁니다. 거꾸로 집중하지 않고는 공부도, 일도 성공하기 어렵습니다. 사람들은 알고 있습니다. 집중력의 차이가 얼마나 큰 결과의 차이를 가져오는지를. 집중해서 한 시간 일한 사람이 산만하게 하루를 일한 사람보다 성과가 좋습니다. 그렇다면 집중하는 방법이나 습관을 알아야 하고 몸으로 익혀야 합니다.

25분

전문가들은 우리가 보통 한 번에 25분 정도 집중할 수 있다고 말합니다. 즉 25분쯤 집중하면 조금 쉬어야 다시 집중력을 이어 갈 수 있다는 것이지요. 겉으로는 꽤 오랫동안 집중하는 것처럼 보이는 사람도 사실은 중간중간 쉬는 시간을 가질 겁니다.

25분이 집중할 수 있는 단위라면 중간에 쉬는 것이 자연스럽습니다. 그런데 보통 수업 시간은 45분이나 50분으로 되어 있습니다. 그렇다면 수업 중간에 쉬어야 한다는 뜻인데, 학교 현장과는 맞지 않아 보입니다. 그런데 생각해 보면 실제로 우리는 학교에서 그렇게 쉬고 있습니다. 보통 선생님들은 학생들의 집중력이 떨어질 만하면 중간에 농담하거나 잡담을 합니다. 경험으로 알고 있기에 자신도 모르게 쉬는 것입니다. 학생들 역시 선생님이 계속 진도만 나가면 첫사랑 이야기를 해달라고 조릅니다. 이런 패턴은 군대 교육에서도 마찬가지입니다. 중간에 재미있는 이야기나 잡담을 섞지 않으면 교육생들이 졸거나 지루해하기에 거의 반드시 어디서 외워 온 유머가 등장합니다.

학교나 강단에서는 중간에 이렇게 쉰다고 해도, 그럼 혼자 공부할 때는 어떻게 해야 할까요? 전문가들은 25분을 알리는 알람을 설치하라고 권합니다. 굳이 알람까지 맞춰 놓는 이유는 25분이 어느 정도 길이인지 처음에는 감이 오지 않기 때문입니다. 요즘은 스마트폰 앱을 사용하면 간단히 해결할 수 있습니다. 그런데 아무리 열심히 집중해도 실제로 해보면 25분은 무척 깁니다(물론 이것은 저의 개인적인 경험입니다. 어떤 사람은 짧게 느낄 수도 있을 겁니다). 저는 시간을 맞춰 놓고 한 두세 번은 참아야 25분이 되곤 했습니다. 〈아, 아직 시간이 안 됐구나, 더 해야겠다.〉 이런 식으로 훈련을 합니다. 이 훈련은 저에게 꽤 힘들었습니다. 하지만 계속 연습하는 수밖에 없습니다.

연습을 잘하려면 보상이 필요합니다. 개 훈련 과정과 아주 흡사합니다. 개를 훈련할 때 〈앉아!〉 하고 명령하고 잘하면 간식을 줍니다. 나중에 몰아서 주는 것이 아니라 동작이 끝나면 바로 줍니다. 그리고 다른 지시를 합니다. 〈손!〉 이런 지시를 잘 따르면 역시 바로 간식을 주지요. 이것은 전문가들이 보상이라고 부르는 것으로, 공부의 경우에도 집중후 잘했다고 자신에게 보상을 해주면 좋습니다. 저는 그림책을 보거나 노래를 한두 곡 듣거나 창밖을 봅니다. 그것이 간식에 해당하는 보상입니다(물론 이 보상은 사람에 따라다릅니다. 하지만 다음에 뭘 사준다거나 기말시험 성적이 좋으면 뭘 해준다거나 하는 식의 먼 훗날 보상은 별로 소용이 없습니다). 시간은 10분을 넘기지 말아야 합니다. 너무 오래 쉬면 리듬이 끊어지고, 다시 시작하려면 에너지와 시간이 많이 든다는 것은 경험으로 누구나 알고 있을 겁니다.

알람 소리를 이용하는 방법도 집중력을 높이는 데 효과적입니다. 물론 음 소거를 할 수도 있지만, 공부를 위한 것이라면 특정한 벨 소리가 들리는 게 좋습니다. 소리가 들리면 이제 휴식이 끝나고 집중해야 한다는 것을 몸이 인식할수 있기 때문입니다. 모드 전환에 효과적이라는 것이지요. 단순해 보이지만 의외로 효과가 큽니다. 예전에 극장에서는 영화나 공연의 시작을 알리는 징을 쳤습니다. 〈꽈앙~〉 제법 큰 소리가 나면 잡담하고 떠들던 관객들이 일시에 조용해지고 무대로 눈을 돌려 집중합니다. 이제 곧 시작하니까요. 요즘은 징 소리가 아니고 영화사 로고 음악이 크게 울

25분 집중의 힘 **93**

려 퍼집니다. 어쨌든 큰 소리로 집중할 시간이라는 것을 알립니다. 예나 지금이나 소리로 공부 시간을 알리는 것은 학교에서 일상입니다. 수업 시간이 끝날 때, 그리고 다시 수업이 시작될 때 벨 소리가 울립니다. 혼자 공부할 때 그렇게 하지 않을 이유가 없습니다.

그러나 집중력을 높이기 위해서 음악을 들으면서 공부하는 것은 좋지 않다고 합니다. 어떤 사람들은 음악을 들으면서 하면 능률이 오른다고 하나, 아마도 기분 탓일 겁니다. 뇌는 동시에 두 가지는 못 한다고 전문가는 말합니다. 셈도 하고 동시에 시를 외울 수는 없다는 겁니다. 우리가 공부하면서 음악을 듣는 것처럼 느끼더라도 사실은 음악을 듣고 그다음 순간 공부를 하는 겁니다. 그렇다면 음악을 제거해야 합니다. 공부는 집중하지 않으면 효과가 없기에 뇌가 음악 감상과 공부를 번갈아 한다면 효과가 없기 때문입니다. 저도 가끔 느꼈습니다만 노래를 들으면서 공부를 하면 머리에 남는 것이 별로 없었습니다. 어떤 사람들은 음악도 서양 고전음악과 같이 가사가 없는 것은 괜찮다고 하지만, 역시 그렇지 않습니다. 가사가 있다면 좀 더 주의가 분산되는 차이가 있을 뿐입니다.

음악이 방해가 되므로 제거해야 한다면 휴대폰은 말할 것도 없습니다. 음악보다 몇 배나 더 안 좋습니다. 왜냐하면

타인과 연결되어 있기 때문입니다. 〈혹시 친구에게 메시지가 오지 않았을까?〉, 〈단톡방에서 지금 중요한 이야기가 오가고 있지 않을까?〉 이렇게 외부와의 연결에 신경 쓰다 보면 공부에 상당히 방해됩니다. 아예 다른 방에 놔두는 편이 좋습니다. 게다가 휴대폰에는 남겨둔 미련이 많습니다. 하다 멈춘 게임도 있고, 보다만 카툰과 보고픈 유튜브도 있습니다. 계속 신경이 쓰입니다. 이 경우에도 방법은 있습니다. 공부 중간에 보상으로 쉬는 시간에 하면 됩니다. 물론 10분을 넘기면 곤란하지요. 큰 벨 소리가 다시 집중으로 인도할 겁니다.

제거해야 할 것은 위에 나온 것 말고도 많이 있을 겁니다. 사람에 따라 다르겠지만 요점은 정신이 분산되는 것은 모두 제거해야 한다는 겁니다. 강아지나 고양이, 동생이나 부모, 배고픔이나 추위, 잡념이나 몽상 등이 여기에 포함되겠지요. 세상과 단절하는 시간이 바로 집중입니다. 20세기 사상가 중 한 명인 시몬 베유는 〈무엇보다 주의력을 기르는 것이 학문의 기본이며, 그것은 기원하는 힘을 연마하는 것〉이라고 했습니다. 그러면서 다시 주의력을 〈우선 꼼짝 않고 응시하는 것〉이라고 했습니다. 어려운 이야기는 미루고 요점을 말하자면 주의력이란 〈꼼짝 않고 응시하는 것〉, 즉 세상과 단절하고 집중하는 것이지요. 이것이 학문의 기본이라는 겁니다. 누구나 알고 있듯 이것이 말처럼 쉽지 않습니다. 하지만 배워야 합니다. 그러지 못하면 평생 고생하기 때문입니다. 따라서 어려서부터 부단한 연습으로 집중하는 습관이 몸에 배게 해야 합니다. 그러려면 의식적으로 〈25분 집중〉을 매일매일 연습하는 수밖에 없을 겁니다.

이완

2004년 체스계의 전설 카스파로프는 열세 살 소년과 체스 게임을 했습니다. 그는 전성기는 지났지만 2000년까지 세계 챔피언을 16년간 유지했습니다. 누구나 그의 승리를 예상했으나 결과는 무승부였습니다. 물론 결과도 의외입니다만, 더 흥미를 끈 것은 대국 상대인 소년의 태도였습니다. 이 소년은 시합 중 종종 일어나서 주위를 둘러보곤 했습니다. 옆의 시합도 기웃거리고 주변을 어슬렁거린 것이지요. 보통 시합에서 선수는 잘 일어나지도 않고 심각한 얼굴로 체스판을 응시하지요. 따라서 이런 소년의 태도는 예의에 어긋나 보이기까지 했습니다. 하지만 대가를 상대로 패하지 않았으니 일어나 어슬렁거리는 것이 나름 효과가 있었다고 보아야 하지 않을까요. 전문가들은 이런 행동을 이완으로 보고 있습니다. 즉 긴장을 풀어 주고 휴식을 취함으로

써 더 시합에 집중할 수 있게 하는 행위로 봅니다. 보통 사람들은 집중을 강조하고 긴장을 풀지 말라고 조언하지만, 전문가들은 잘 쉬어야 잘 배울 수 있다고 말합니다. 집중이나 긴장만으로는 잘 배울 수 없다는 것이지요.

그럼 이완 상태의 뇌에서는 무슨 일이 일어날까요? 이미 앞에서 잠의 효과에 대해 말씀드렸습니다. 즉 이완 상태에서 뇌는 조용히 뒤에서 문제 해결을 모색하고 있습니다. 우리가 알지 못해도 쉬지 않고 일을 합니다. 그런데 항상 긴장 상태에 있다면 뇌가 제대로 일을 할 수 없다는 겁니다. 뇌는 긴장과 이완을 반복할 때 가장 효율이 높기 때문입니다. 그래서 잠도 자는 겁니다. 집중은 이완과 한 묶음입니다. 긴장만 있고 휴식이 없다면 반쪽이라는 것이지요. 아무리 중요한 체스 시합이라도 중간에 쉬어야 합니다. 그래야 막힌 수도 더 잘 보입니다. 열세 살 소년의 어슬렁거림은 아주 적합한 행위라고 할 수 있습니다. 오히려 고수의 모습이 이론과는 맞지 않아 보입니다.

물론 고수도 나름의 휴식 방법이 있을 겁니다. 조용히 의자에 계속 앉아 있으니 남들은 계속 긴장하는 것으로 생각하겠으나 고수는 조용히 앉아 뇌를 쉬게 하는 자신만의 방법을 이미 갖고 있었을 겁니다(그렇지 않고서야 어떻게 세계 챔피언을 유지하겠습니까). 바둑도 마찬가지 아닐까요.

하루 열 시간 이상 앉아서, 심지어 어떤 경우에는 무릎을 꿇은 채 계속 바둑판을 응시하지만, 바둑 기사들 역시 나름의 휴식 방법을 갖고 있겠지요.

지하철 승객들은 대부분 휴대폰을 보고 있습니다. 보거나 듣는 것은 각자 다르겠으나 계속 휴대폰을 바라보는 모습은 같습니다. 게다가 문이 열려 승객들이 빠져나갈 때에도 액정에서 눈을 떼지 않고, 계단을 오르거나 거리를 걸어갈 때도 마찬가지입니다. 이처럼 잘 때를 제외하고 거의 대부분의 시간을 휴대폰을 보거나 거기에 신경 쓰면서 지낸다면 뇌가 쉴 수 있을까요? 유튜브를 보든 드라마를 보든 집중하지 않으면 내용을 따라갈 수 없습니다. 게임을 한다면 새삼 말할 필요도 없을 겁니다. 이런 상태는 휴식이 아닙니다. 계속되는 긴장 상태라고 해야 할 겁니다. 온종일 이런 상태라면 뇌는 쉬지 못하니 집중을 해도 능률이 오르지 않습니다. 일하거나 공부를 할 때도 계속 휴대폰에 신경이 가 있다면 앞서 말했듯이 온전히 집중하지 못하고 있는 겁니다. 저는 휴대폰을 관리하지 못하는 한 뇌의 긴장과 이완의 리듬은 무너진다고 생각합니다. 즉 뇌가 제대로 집중할 수 없습니다. 집중을 원한다면 지하철이나 버스 그리고 걸을 때만이라도 휴대폰을 잊어야 합니다. 뇌를 쉬게 해야 필요할 때 뇌가 집중할 수 있습니다.

전문가들은 집중 후의 보상 방법 즉 휴식 방법으로 다음과 같은 것을 권하고 있습니다. 축구나 농구 같은 운동하기, 조깅, 걷기, 수영, 춤, 버스 타기, 자전거 타기, 그림 그리기, 샤워나 목욕, 가사 없는 음악 듣기, 악기 연주, 명상이나 기도, 잠(궁극적인 이완) 등입니다. 이 중 10분을 넘지 않는 보상을 고른다면 탈락하는 것들도 꽤 있겠지만, 그런 것들은 주말에 더 긴 시간을 들여서 하면 됩니다. 중요한 것은 집중과 휴식이 한 묶음이라는 점입니다. 시중에는 집중력에 대해 강조하고 그 방법을 다룬 책들도 많이 나와 있으나, 정말로 집중력을 키우길 원한다면 동시에 뇌를 쉬게 하는 방법이 제시되어야 합니다.

시간의 질이 문제다

매일 다니던 골목길 빵집에서 살인 사건이 일어났습니다. 경찰이 탐문을 하면서 목격자를 찾고 있고, 자신이 우연히 목격자가 되었다고 해봅시다. 경찰의 질문에 얼마나 정확하게 대답할 수 있을까요? 실제로 정확한 답을 하기는 어렵다고 합니다. 이유는 아주 익숙한 풍경이긴 하지만 세세히 물으면 의외로 아는 것이 별로 없기 때문입니다. 그 빵집의 간판이 파란색인지 초록색인지, 문의 윗부분이 망가져 있었는지, 건물에 페인트가 벗겨져 있었는지, 어떤 빵이 얼마나 남겨져 있었는지 등 이런 질문이라면 쉽게 답하기 어려울 겁니다.

이런 사례는 많습니다. 영화에서도 자주 볼 수 있는 것처럼, 재판정에서 증인의 발언이 의외로 쉽게 반박됩니다. 그런 시력으로는 비가 오는 그날 피고를 자세히 볼 수 없었다는 식이지요. 우리 뇌는 익숙한 것에 대해선 잘 집중하지 않습니다. 많은 시간을 봐왔기에 언제나 접근할 수 있다(즉, 언제나 볼 수 있다)고 여기는 겁니다. 〈음, 빵집은 언제나 저기에 있지, 내가 잘 안다니까〉 이런 식의 사고라는 겁니다.

하지만 그 빵집에 대해 보고서를 제출하라는 과제를 받았다면 전혀 다르겠지요. 문의 상태부터 진열된 빵의 종류와 판매 추이 그리고 종업원의 태도, 친절함까지 거의 모든 것을 낱낱이 관찰할 겁니다. 왜냐하면 집중해야 보고서를 쓸 수 있기 때문입니다. 집중하면 안 보이던 것도 보입니다. 그리고 기억에 오래 남지요. 공부 시간이 아무리 많아도 집중하지 않으면 아무것도 남지 않습니다. 매일 학교에 가방을 들고 왔다 갔다 한들, 머릿속에 남는 것이 없으면 소용없습니다. 단 10분을 공부해도 집중하면 효과가 있고, 두 시간을 앉아 있어도 건성이면 시간 낭비입니다.

집중하는 방법을 다시 한번 정리해 보겠습니다.

첫째, 전날 밤 잠들기 전에 다음 날 계획을 세워야 합니다. 그래야 딴짓 하지 않고 바로 공부에 들어갈 수 있습니다. 계획에 따라 움직이고 군더더기를 제거해야 바로 집중할 수 있습니다. 머릿속에 이미 할 것이 정해져 있다는 것은 확실하고 구체적인 목표가 있다는 의미입니다. 그만큼 집중이 쉽습니다. 계획 없이 하루를 맞이한다면 계속 핑계를 찾게 될 것이고, 공부를 한다고 해도 아무래도 집중도가 떨어집니다.

둘째, 휴대폰, 음악 등 방해가 되는 것을 모두 제거해야 합니다. 뇌는 한 번에 하나밖에 할 수 없습니다. 한 번에 여러 가지를 하려 든다면 한 가지도 제대로 할 수 없습니다. 자신은 아니라고 부인해도 뇌는 그렇지 않습니다. 특히 휴대폰은 아예 다른 방에 가져다놓는 게 좋습니다.

셋째, 긴장과 이완이 한 묶음이라는 사실을 잊으면 안 됩니다. 즉 25분 긴장 뒤의 보상을 마련해 놓지 않으면 집중 방법을 모르는 것입니다. 〈집중 후 무엇을 할 것인가?〉 고민해 보고 자신에게 맞는 보상을 찾아야 합니다. 이 책에서 제시하는 것들은 물론 참고 사항에 지나지 않습니다. 우선은 이완의 방법, 즉 나만의 보상의 간식을 찾기 위해 연습 삼아 25분 동안 집중해 보길 바랍니다. 해보지 않고는 자신에게 무엇이 맞는지 알 도리가 없습니다.

답을 먼저 보지 말라

　중학교 때인가 담임선생님이 문제집을 사면 정답지를 먼저 떼어 내라고 하셨습니다. 보통 문제집은 뒤에 답이 붙어 있으니 뜯기에도 편했지요. 저는 귀찮기도 해서 뜯지 않았습니다. 문제 풀고 뒤의 정답지와 맞추어 보고, 다시 문제 풀고, 이런 방식에 아무 문제도 없어 보였습니다. 그런데 종종 답을 아예 모르거나 헷갈리는 문제가 나오면 잠깐 생각하다 뒤의 정답지를 보았습니다. 그러곤 〈아하, 이거였구나〉 하고 평온하게 다음 문제로 옮겨갔습니다. 그런데 시험에 마침 그 문제가 나왔습니다. 저는 반가웠습니다. 〈아하, 그 문제로군.〉 하지만 그다음이 문제였습니다. 답이 생각나지 않았습니다. 그 문제이고 답을 봤다는 기억까지 나는데, 답이 떠오르지 않았던 겁니다. 제 기억이 정작 필요한 순간에 끊기고 만 것이지요. 그래서 다음부터는 선생님 말씀을 따라 문제집에서 정답지를 떼어 내기 시작했습니다.

정답지를 떼어 내고 나니 심리적으로 조금 불안감을 느꼈습니다. 문제집 뒤에 답이 있다면 보지는 않아도 뭔가 든든함이 있습니다. 〈안 풀리면 뒤를 보면 된다〉 뭐 이런 마음 아니었을까요. 〈이제는 답은 없다. 스스로 생각해야만 한다〉 이렇게 되면 아무래도 불안해지겠지요. 그런데 바로 이런 상태가 시험을 볼 때의 상태 아니겠습니까. 〈비빌 언덕은 없다. 어쨌거나 스스로 해결해야 한다〉 이런 상황이 바로 시험이지요. 따라서 공부할 때 시험 상황처럼 하는 것이 효과적입니다. 비빌 언덕이 없는 상황은 실전과 유사하기에 연습으로서는 아주 좋습니다.

생각이 날 듯한 답을 확인하기 위해, 아니면 전혀 몰라서 참고하기 위해 우리는 답을 봅니다. 답을 보면 간단하게 해결할 수 있는데, 굳이 답을 안 보고 문제를 풀려면 힘이 듭니다. 바로 〈힘이 든다〉는 것이 요점입니다. 애써 생각해 내야 하거나 답을 찾기 위해 이리저리 머리를 써야만 하는 상황이 학습 효과를 높이는 데 효과적이기 때문입니다. 앞에서도 언급했지만, 기억을 해내려 애쓸 때 뇌는 길을 만들고 시냅스는 강화됩니다. 즉 자기 것이 되는 과정이지요. 힘들이지 않고, 아니면 힘들이기 싫어서 바로 답을 본다면 학습 효과는 많이 떨어진다는 겁니다. 핵심은 능동적으로 기억을 불러내려 애를 써야 한다는 겁니다. 스스로 충분히 고민하지 않고 답을 본다면 학습 효과는 기대할 수 없습니다.

가끔 TV에서 부모가 학생 근처에 있는 모습을 봅니다. 자식이 공부하다 모르는 것 있으면 물어보라고 말해 놓고 옆방이나 거실에서 기다리는 것이지요. 학년이 낮을수록 공부하다 막히면 바로 부모에게 달려옵니다. 그러면 부모는 아주 친절하게 가르쳐 주고 격려도 합니다. 훈훈한 풍경이긴 하지만 학습 효과 측면에서만 본다면 바람직하지 않습니다. 이때 부모의 역할은 문제집 뒤에 붙은 정답지와 비슷하기 때문입니다. 모르면 고민하지 않고 바로 물어본다는 것이니까요.

모르면 학생 스스로 생각하고 풀려고 애를 써야 합니다. 이때 뇌가 온전히 가동하면서 능동적으로 길을 냅니다. 따듯하고 격려하는 부모의 모습은 좋지만, 답 역할을 하는 부모의 모습은 바람직하지 않습니다. 처음부터 말해야 합니다. 스스로 고민해 보고 그래도 안 되면 물어보라고. 스스로 애쓴 흔적이 없으면 도와주면 안 됩니다. 시험 볼 때 옆에 앉아 도와줄 수는 없지 않습니까.

옛날 영화나 소설을 보면 스승은 매우 불친절합니다. 제자가 물어봐도 엉뚱한 이야기만 할 뿐 무엇 하나 제대로 가르쳐 주지 않습니다. 시키는 일은 허드렛일뿐입니다. 물 긷기, 장작 패기, 먼 거리 배달 등이지요. 제자는 점점 스승의 실력을 의심하는데, 어느 날 스승이 악당을 손쉽게 물리치는 것을 보고는 깨닫습니다. 〈무언가 스승에게 있다, 그것이 무엇인지 알고 싶다.〉 그리하여 제자는 스승을 유심히 관찰하고, 어느 날 도저히 궁금함을 참지 못해 묻습니다. 그제야 스승은 입을 열고, 제자를 가르치기 시작합니다. 스승이 기다린 것은 제자의 갈증과 절박함이었을 겁니다. 목이 마를 때 물을 마셔야 물의 맛과 가치를 느낄 수 있는 것처럼, 문제에 대해 고민하고 알고 싶다는 욕구가 있어야 답이 머릿속으로 들어갑니다. 별로 궁금하지도 않은데 알려 줘봐야 별 감흥이 없을 겁니다. 〈해보았는데 잘 안 된다, 아무리 궁리해도 도저히 모르겠다〉 이 정도의 갈증은 있어야 한다는 겁니다. 자판기를 누르듯이 답을 보거나 부모나 선생님에게 물어보는 것은 곤란합니다.

또 옛날이야기입니다만, 요즘은 영화 보기가 참 간편해졌습니다. 꼭 영화관에 가지 않더라도 집에서 혹은 버스 안에서 스마트폰을 몇 번 터치하면 볼 수 있습니다. 예전에는 매우 불편했습니다. 서울에서는 보통 한 영화는 하나의 영화관에서만 상영했습니다. 즉 「벤허」는 충무로의 대한극장에서만 볼 수 있었습니다. 따라서 인기 영화를 보는 것은 꽤

나 고역이었습니다. 특히 홍콩 무술영화는 아침부터 영화관 앞에 아주 긴 줄이 이어졌고, 오래 기다려야만 볼 수 있었으니까요. 하지만 아직도 그때 무슨 영화관에서 어떤 영화를 봤는지 생생히 기억하고 있습니다. 물론 어렸을 때의 일이라 기억이 더 또렷한 면도 있겠지만, 저는 더 고생해서 더 기억에 잘 남는 것이라고 생각합니다. 이것이 기억의 특징입니다. 고생을 동반한 기억이 더 오래 남습니다. 반대로 별로 애쓰지 않고 답을 바로 보면 기억에 남을 확률은 많이 떨어집니다. 답은 잊어버리고 문제와 충분히 씨름하시길 바랍니다.

요약하라

영국의 한 극단은 매년 마르셀 프루스트의 소설 『잃어버린 시간을 찾아서』 요약 대회를 연다고 합니다. 15초 내로 이 소설을 요약하라는 것인데, 누구나 이 대회가 재미로 열리는 것임을 알 수 있을 겁니다. 그렇지 않다면 일곱 권이나 되는 분량에 특별한 이야기 구조도 없이 기억을 추적하는 이 소설을 어떻게 요약하겠습니까. 아마도 주최자는 참가자들에게 재치나 유머를 기대하는 것 같습니다.

하지만 이런 대회는 특별한 경우이고, 시험을 볼 때는 요약이 필요합니다. 특히 시험을 앞두고는 꼭 해야 합니다. 왜냐하면 자신이 한 요약은 공부한 바를 체계적으로 연결하고 보여 주기 때문입니다. 화살표를 이용해 인과관계를 밝히고, 그래프를 이용해 변화를 분명히 각인하며, 키워드를 명시해 무엇이 중요한지를 다시 한번 확인하는 작업은 기억에 큰 도움이 되고 시험에도 효과적입니다.

영국 의회에서는 의원이 발언할 때 준비된 원고를 읽을 수 없습니다(보통 선진국에서는 그렇게 합니다). 하지만 빈손으로 연단에 오르는 것은 아닙니다. 메모는 허용됩니다. 그럼 메모에는 무엇을 담겠습니까? 자신의 발언 요지를 담습니다. 키워드나 중요한 수치 혹은 인과관계를 보여 주는 도표, 잊어서는 안 될 인용구 등입니다. 우리가 요약할 때와 다를 게 전혀 없습니다.

그런데 요약은 공부를 하고 바로 작성할 수 없습니다. 이때는 아직 머릿속에서 정리가 끝나지 않은 상태이기 때문에 요약한다 해도 제대로 할 수 없습니다. 요약은 시차를 두고 몇 번 학습한 후에 자연스럽게 하는 것입니다. 자신도 모르게 〈정리하고 싶다〉, 〈정리해야겠다〉라는 신호가 옵니다. 즉 머리가 부담을 덜려고 하는 겁니다. 〈머릿속이 꽉 찼다. 얼른 정리해서 머리를 가볍게 해야겠다. 그래야 새로운 것을 넣을 수 있겠다.〉 이런 기분이 드는 겁니다. 즉, 요약은 자연스러운 것이므로 억지로 해서는 안 됩니다. 억지로 해봐야 되지도 않습니다.

자신이 한 요약은 일종의 암호입니다. 자신의 기억 창고로 가는 길 안내 표지라고 볼 수 있지요. 즉 키워드가 생각나면 연이어 연결되는 지식이 쭉 달려 나오는 것입니다. 이렇게 요약을 한 후, 남에게 설명해 보는 것이 좋습니다. 키워드나 도표만으로 설명을 잘할 수 있다면, 제대로 이해했다고 할 수 있으니까요. 이것은 이미 앞에서 설명했습니다. 남에게 설명하면 자신이 제대로 이해했는지를 알 수 있다고 했는데, 그 방법의 하나가 자신이 작성한 요약이나 정리를 이용하는 겁니다. 그리고 마땅히 설명할 대상이 없다면, 집에 있는 개나 고양이도 훌륭한 상대라고 전문가들은 권합니다. 개나 고양이가 없다면, 벽을 보고 하는 것도 괜찮습니다(괜히 동생이나 부모님을 괴롭히는 것보다는 낫다고 생각합니다). 벽을 보고 설명하는 것은 사실은 자신에게 설명하는 겁니다. 내가 나에게 설명하면, 객관화 효과가 있습니다. 설명이 객관적으로 들린다는 것이지요. 요약해서 설명하면 생각보다 시간이 오래 걸리지 않습니다. 보통 5분을 넘기기 힘들지요. 실제로 해보면 5분 동안 웬만한 것은 거의 설명할 수 있습니다. 만유인력에 관해 설명하라고 했을 때 〈5분은 충분하지 않다. 한 시간은 필요하다〉고 답한다면 아직은 잘 모르고 있다고 봐야 합니다. 잘 알수록 간명하게 설명할 수 있기 때문입니다.

남이 만든 요약을 읽지 마라

충분히 공부하지 못한 경우에 남이 정리한 요약본이나 노트를 빌려 읽게 됩니다. 안 읽는 것보다는 낫겠지만 이런 식으로 요약본을 읽는 것은 벼락치기와 같습니다. 〈내용은 잘 모르지만, 이것이 중요하다! 그러니 무조건 외우고 보자!〉 이런 마음가짐이겠지요. 하지만 벼락치기는 장기 기억 저장에는 아무런 도움이 되지 않는다는 것을 이미 말씀드렸습니다. 반짝 효과라도 있으면 다행이지만, 요약본으로 공부하는 경우는 그렇지도 않습니다.

국사를 예로 들어 보겠습니다(국사를 예로 든 건 수학이나 영어의 경우 요약이 별 의미가 없기 때문입니다. 주로 암기 과목에서 요약이나 정리를 사용하니까요). 가령 임진왜란 이후의 사회 변화에 대해 시험을 본다고 합시다. 그럼 담배, 장자 상속, 조총 등 여러 가지 것들이 등장하겠지요. 열심히 외웁니다. 그런데 정작 시험에서는 이런 변화들을 열거한 뒤 〈그래서 조선은 어떻게 변했는가?〉라고 묻습니다. 난감하겠지요. 열심히 외운 것은 지문에 이미 나와 있습니다. 그럼 어찌할까요? 설마 문제에 딱 들어맞는 내용이 요약에 있어 외웠다면 답을 쓸 수 있겠지만, 그렇지 않다면 망연자실하겠지요. 이런 경우는 면접시험이나 구술시험에서 흔합니다. 열심히 사실을 외웠으나 그 의미나 의의를 알지 못하는 경우 말입니다.

보통 요약은 뼈대만 있습니다. 살이 없고 피가 흐르지 않습니다. 어떤 문맥에서 이런 문제가 나왔는지 왜 이 문제가 중요한지 등은 나타나지 않습니다. 중요한 사실이 나열되는 것이 보통인데, 요즘 시험에서는 그 사실들의 의의나 가치 등을 물어봅니다. 그런데 의의나 가치는 살과 피에 있는 것이 보통입니다. 사람의 말도 마찬가지입니다. 말한 내용은 일목요연하게 정리해 제시할 수 있으나, 그 사람의 숨소리나 표정, 목소리 떨림, 손 움직임 등이 전하는 그 사람의 심정이나 복잡한 심경을 알려 주지는 않습니다. 정작 중요한 것은 빠지는 셈이지요.

공부도 마찬가지입니다. 사실이 드러내는 당시의 상황과 의미, 그리고 지금 시점에서 본 가치는 요약에서 빠집니다. 직접 시간을 들여 하나씩 찬찬히 들여다볼 때 비로소 그런 것들이 떠오르게 됩니다. 즉, 요약만 읽는 것은 사람 이름만 읽고 그 사람의 됨됨이를 파악하려는 것이나 마찬가지입니다. 뉴욕의 미술관 이름을 아무리 많이 나열할 수 있어도,

실제로 가본 적이 없다면 공허합니다. 한 곳이라도 가본 사람이 훨씬 내용이 있겠지요. 요약은 공허한 이름 나열입니다. 그 속에는 아무것도 없습니다. 그런데도 요약을 읽으면 마치 아는 것처럼 착각하게 됩니다. 세계 100대 영화의 제목을 모두 알더라도 실제로 본 것이 없다면 착각만 불러일으키겠지요.

요즘도 요약의 전통이 여전히 남아 있습니다. 세계 문학을 요약하기도 하고, 세계사를 요약하기도 합니다. 차라리 원본이나 제대로 된 역사책을 몇 장이라도 직접 읽는 편이 훨씬 낫습니다. 언젠가 어려운 책의 서문만 번역해 출간한 책을 본 적 있습니다. 주로 철학책이었지요. 읽어 보니 역시 어렵습니다. 무슨 말을 하려는지 짐작하기 힘듭니다. 이유는 단순합니다. 보통 어려운 책의 경우 서문이 가장 어렵기 때문입니다. 서문에서 책 전체를 요약하기에 원래 그 정도 수준에 이른 사람이 아니면 이해하기 어려운 것이 당연합니다. 서문을 읽고 그 책 전체를 이해한 독자라면 거의 저자와 같은 수준이라고 볼 수 있습니다(책에서 조금 더 알고 싶은 곳만 골라 읽어도 상관없을 정도의 수준입니다). 즉 요약을 읽고 피와 살을 느낄 수 있다면 요약을 읽을 필요가 없는 사람이고 그렇지 못하는 사람이라면 읽어도 별로 소용이 없습니다.

하기 싫은 것을 먼저 하라

공부할 생각만 해도 머리가 지끈거리는 경험은 누구나 합니다. 저도 마찬가지입니다. 초등학교 2학년인가 3학년 여름 방학 숙제로 곱셈, 뺄셈 문제집을 풀어 가는 게 있었는데, 방학 내내 놀다 며칠 사이에 하려니 죽을 맛이었습니다. 생각만 해도 머리가 아팠지요. 머리가 아프니 하고픈 생각이 더 없어졌습니다. 그러니 더 미루고 싶었고 미루고 미루다 결국은 마지막 날까지 미루었던 기억이 아직도 납니다. 뭐, 지금이라고 크게 달라진 것은 없습니다. 마감이 다가오면 머리가 아프지요. 원고를 아직 쓰지 못했으니, 또 미루려고 합니다. 이런 버릇은 고칠 수 있을까요?

전문가들은 이런 상황에서 머리가 아픈 것이 정상이라고 합니다. 즉 하기 싫은 일을 생각만 해도 뇌의 섬 피질이라는 부위가 활성화되는데, 이 부위는 통증과 관련된 영역이라는 것이지요. 다시 말해서, 숙제 생각만 해도 우리는 통증을 실제로 느낀다는 겁니다. 그러니 제가 어렸을 때 경험했던 두통은 착각이 아니었던 겁니다. 또한 고통을 피하려는 것이 인간의 본성이므로 숙제를 미루려는 행위가 뒤따른 것이었겠지요. 누가 고통 속으로 뛰어들려고 하겠습니까.

그렇다면 미루고 싶은 숙제가 앞에 놓였을 때 어떻게 해야 할까요? 전문가들은 일단 시작하라고 합니다. 피하고 싶은 일도 일단 시작하면 약 20분 후에 통증이 사라진다는 겁니다(섬 피질은 점차 진정되고, 20분 후에는 사라진다고 합니다). 그러니까 즉시 시작해서 20분간 지속하기만 하면 해야 할 숙제를 별 통증 없이 할 수 있다는 겁니다. 〈미루지 말고 즉시 하라!〉 이것이 방법입니다.

하지만 미루는 습관이 하루아침에 고쳐지겠습니까. 역시 미룰 수 있을 때까지 미루지 않을까요. 여기서 앞에서 설명한 〈25분 집중〉을 생각해 볼 필요가 있습니다. 즉 25분 집중하기 위해 알람과 보상 등의 방법을 제시했습니다. 그리고 왜 긴장이나 집중이 효과적인지도 설명했습니다. 그렇다면 이 〈25분 집중〉과 〈통증이 사라지는 20분〉을 포개면 어떨까요? 즉 그 20분이나 저 25분이나 결국 마찬가지 아닌가요. 적어도 20분은 버틸 수 있는 습관을 만들어 놔야 한다는 겁니다.

저는 전자 기기 사는 것을 꺼립니다. 새로운 휴대폰을 사면 조작법을 다시 익혀야 하고 새로 소프트웨어를 설치하거나 인증받아야 하는 것이 많기 때문입니다. 〈웬만하면 그냥 쓰자, 복잡하기만 하고 귀찮다〉는 마음입니다. 하지만 결국은 신형을 사게 됩니다(4년 정도 쓰면 밧데리 수명도 줄고 어쨌든 새로 사게 되어 있습니다). 그러면 사놓고도 며칠

간 들여다보지 않습니다. 간단한 통화나 하고 다른 기능은 작동해 보지 않습니다. 결국은 할 일을 미루고 미루는 셈이지요. 20분만 참으면 되는데 그것을 피하는 것입니다.

하기 싫은 일을 먼저 하면, 일을 끝냈을 때 홀가분합니다. 따라서 휴식도 달콤하지요. 방학 숙제를 다 하고 나서 놀 때 훨씬 기분이 좋았던 기억이 납니다. 먼저 하고픈 일을 하면 하면서도 계속 머릿속에 하기 싫은 일이 맴돕니다. 〈해야 하는데…… 하기가 싫네.〉 이런 부담감을 좀처럼 떨칠 수 없습니다. 왜냐하면 언젠가는 해야만 하기 때문입니다. 이렇게 다른 일에 대한 생각이 맴돌고 있으면 집중할 수 없기 때문에 지금 하는 일도 능률이 떨어집니다. 그렇다면 〈하기 싫은 일을 먼저 하는 것〉도 한 방법이지요. 마음이 홀가분해져 다음 일에 더 쉽게 집중할 수 있기 때문입니다. 순서를 바꾸기만 해도, 훨씬 일을 수월하게 할 수 있고 능률이 더 오르는데 하지 않을 이유가 없습니다.

끝나는 시간을 정하라

군대에서 시간은 흘려보내야만 하는 것이었습니다. 어차피 시간이 지나야 제대를 할 수 있기에 〈무엇을 하든 시간만 때우자〉 이런 생각이 강했습니다. 〈힘든 일이 있어도 참으면 시간은 간다〉, 〈밥 먹는 시간은 지켜야 하고, 잠자는 시간도 지켜야 한다. 버티자〉 이런 생각이었던 것이지요. 지금 생각해 보면 별로 좋은 선택이 아니었습니다. 어차피 시간을 보내야 한다면 적극적으로 참여하는 편이 시간이 더 잘 갔을 것 같습니다. 정해진 50분이라면 그리고 피할 수 없다면, 적극적으로 즐기는 편이 현명했겠지요.

학교 수업 시간을 군대처럼 생각하는 사람도 있을 겁니다. 〈참자, 어차피 쉬는 시간, 하교 시간이 온다.〉 하지만 학교는 군대가 아닙니다. 군대 안에서의 평가는 제대하는 순간 끝납니다. 건강하게 제대하는 것이 제일 중요하지요. 하지만 학교는 자신에게 필요한 것을 배워서 나와야 합니다. 배운 것은 일생을 따라다닙니다. 특히 학교 공부는 자신의 능력이 되어 평생 자신과 함께합니다. 영어, 국사, 지리, 체육 등 모든 과목이 자신과 함께합니다. 따라서 학교에서 능동적으로 수업에 참여하는 것이 현명한 전략입니다.

집에서 공부할 때는 두 가지 전략이 있습니다. 하나는 학교처럼 시간표를 정하는 것이고, 다른 하나는 과제를 다 마칠 때까지 하는 유형입니다. 즉 시간표 중심이냐 과제 중심이냐 하는 것이지요. 저는 시간표 쪽이 좋다고 생각합니다. 앞서도 이야기를 했습니다만, 시간표를 택하더라도 주의할 것이 있습니다. 그냥 시간만 흘려보내서는 물론 안 될 일이고, 마감 시간을 정하라는 것이지요. 〈시간표를 정해 놓고 기계적으로 따른다〉가 아니라 〈끝날 시간이 정해져 있으니 그 시간에 집중해야겠다〉는 마음가짐을 가져야 한다는 겁니다. 예를 들어, 3시까지 문제집을 풀고 영화 보러 가기로 계획을 세웠다면, 어떤 사람은 3시까지 대충 시간을 보내야겠다고 생각할 수도 있고, 또 어떤 사람은 그럼 더 열심히 집중해서 문제 다 풀어 놓고 영화 봐야겠다고 생각할 수도 있을 겁니다. 이 경우 후자의 방식을 취한 사람에게 영화는 일종의 보상인 셈이지요.

저는 보통 밤 10시부터 TV를 봅니다. 예능, 다큐멘터리, 뉴스 등 두루 보는 편입니다. 이것은 제가 정한 규칙입니다. 어쨌든, 일을 끝내고 밤 10시부터는 TV를 본다는 것이지요. 이것이 저의 끝나는 시간입니다. 오늘 해야 할 일을 다 마치고 TV를 보는 것이 아니라, 10시에는 TV를 본다는 것이지요. 시간을 정해 놓고 그전에 일을 마치기 위해 최대한 집중한다는 것이 저의 전략입니다. 물론 짜인 시간표에 맞춰 최대한 집중해야겠지만, 큰 틀에서 일과를 끝내는 시간을 정하는 것이 좋습니다. 그렇게 되면 10시부터는 자유가 생기고 긴장도 풀어져 다음 날을 위해 충분히 충전할 수 있기 때문입니다. 10시부터 놀기로 했으니 놀아도 자신에게 미안하지 않고, 집중해서 과제도 마쳤으니 더욱 홀가분합니다. 이렇게 하면 하루하루 성취감을 느낄 수 있어 좋습니다. 마라톤이랑 비슷합니다. 마라톤은 길고 외롭고 힘든 운동입니다. 하지만 5킬로미터당 목표 주파 시간을 정해 놓으면 5킬로미터를 달릴 때마다 성취감을 느낄 수 있습니다. 〈아, 이번 구간에서는 성공했다, 다음 구간도 성공하자〉 이런 심정은 훨씬 지루함을 덜어 주면서 성취감을 줍니다. 만약 정해진 시간 안에 달리지 못했다면 더 분발하자는 다짐을 하겠지요.

8 공부 기술의 핵심은 좋은 태도

끈기를 가져라

열두 살에 감옥에 간 소년이 있습니다. 이웃집 문에 자신이 만든 대포를 쏴 구멍을 냈기 때문입니다. 그전에도 수시로 학교에서 쫓겨났고 말썽을 피웠습니다. 아버지와도 뜻이 맞지 않았습니다. 자신은 그림을 그리고 싶었으나 아버지는 자신을 좇아 의사가 되기를 원했기 때문입니다. 갈등은 불가피했고, 방황은 길어졌습니다. 그는 수학을 특히 싫어했고 요점을 파악하지 못했습니다. 그리고 학교 수업 방식도 마음에 들지 않았지요. 학교가 정한 대로 배우기를 강요하는 방식 말입니다. 이런 소개만으로는 그가 1906년에 노벨상을 받았다는 것을 믿기 힘듭니다. 노벨상 중에서도 문학상이면 이해할 수도 있지만, 생리의학상이라면 역시 고개를 갸웃거리게 됩니다. 그 싫어하던 수학을 어떻게 했

공부 기술의 핵심은 좋은 태도 **123**

을까 하는 의심도 듭니다. 수학 없이 과학을 한다는 것이 이해가 되지 않기 때문입니다. 수학을 하루 이틀에 잘할 수는 없으니까요. 그것도 일류 대학에 입학하고 마칠 성노라면 쉽지 않았을 겁니다.

산티아고 라몬 이 카할이 싫어하던 수학을 하고 의사가 되어 역사상 가장 위대한 신경 해부조직 학자가 되어 지금은 일상어가 되어 버린 뉴런을 발견할 줄은 아마 그의 아버지도 몰랐을 겁니다. 그는 아버지의 도움으로 공부를 시작할 수 있었습니다. 아버지는 아들에게 다른 접근이 필요하다고 판단하여, 그에게 실제 인체를 보여 주고 그리게 했습니다. 아들을 데리고 몰래 밤에 공동묘지에 가서 시체를 보고 그림을 그리게 한 것이지요. 산티아고는 시체를 만지고 보고 그리면서 흥미를 느꼈고, 의사가 되기로 결심한 뒤부터 다시 수학을 시작합니다. 이번에는 공부에 더욱 집중하여 새로운 길을 개척합니다. 하지만 의사가 된 후에도 중요한 시험에 재차 떨어져 세 번이나 도전하고, 결국에는 통과합니다. 그리고 어릴 적 그림 솜씨를 포기하지 않고 자신의 책에 직접 뉴런의 해부도를 그립니다. 그 책은 지금도 출판되고 있습니다.

그의 성공에 세 가지의 원인이 있다고 전문가는 말합니다. 첫째, 선택을 열어 놓았다는 겁니다. 그는 그림을 그리고 싫어 했으나 과학에도 흥미를 느꼈습니다. 여기서 그는 하나를 선택하고 다른 하나를 포기한 것이 아니라, 그림에 대한 열정을 유지한 채 과학에도 열중했습니다. 즉 선택을 열어 놓은 것이지요(그 후 그는 신경조직을 자신의 그림으로 나타냈습니다). 우리는 여러 가지를 동시에 할 수 있습니다. 그리고 후에 그 여러 가지 경험이 진로에 도움이 될 수 있습니다. 미국 프로야구 선수가 은퇴 후 대학 시절 전공을 살려 야구 전문 변호사가 되거나 사업가가 되는 경우가 종종 있습니다. 프로야구 선수가 된다고 해서 변호사를 포기할 필요는 없는 겁니다. 산티아고는 자신이 하고 싶은 것을 포기하지 않고, 오히려 자신의 전공에 훌륭하게 접목했습니다.

둘째, 끈질기게 했다는 겁니다. 수학을 다시 시작했을 때 아마도 그는 막막했을 겁니다. 수학의 천재가 아닌 이상, 한 단계씩 해나가는 수밖에는 없을 테니까요. 거쳐야 할 단계를 하나씩 밟아 가며 꾸준히 하는 수밖에 없습니다. 그러니 끈기가 필요합니다. 끈질기게 하지 않으면 금방 무너지고 말 테니까요. 끈기는 무서운 무기입니다. 옛날 육사 시험에서 영어를 0점 받은 사람이 있었습니다. 당시에는 특수한 상황이기도 해서 최종 면접이 있었던 모양입니다. 아무리 그래도 0점 받은 지원자를 합격시키는 것은 무리였겠지요. 하지만 면접에서 합격만 시켜 주면 열심히 영어를 공부하겠다는 다짐을 하고 합격 통지서를 받았습니다. 그리고 실제로 매우 우수한 성적으로 졸업했고 후에 미국 의회에서 하원의원들과 영어로 설전을 벌였습니다. 아마 영어 실력으로는 당대 국내에서 최고였다고 합니다. 전 세계일보 사장 고 박보희 씨 얘기입니다. 이런 고수가 되기까지 그가 얼마나 많은 노력을 했겠습니까. 끈기가 없었다면 불가능했을 겁니다. 〈천천히 그리고 꾸준히, 포기하지 않고 끝까지 간다〉 이런 정신 없이 성공한 사람은 없을 겁니다.

셋째, 실수를 유연하게 받아들였다는 겁니다. 산티아고는 실수를 기꺼이 받아들이고, 자신의 방법을 고쳐 나갔다고 합니다. 이는 쉬운 일이 아닙니다. 보통 학습 능력이 뛰어난 사람들은 자신의 판단이 옳았던 경험을 많이 갖고 있습니다. 따라서 실수했다는 사실이 드러나도 받아들이기를 꺼립니다. 또한 어떤 문제에 대해 빠른 판단을 내리는 성향이 있는 사람의 뇌를 종종 〈경주용 차 뇌〉라고 부릅니다. 그만큼 빠르다는 것이지요. 하지만 판단이 너무 빠르면 사고나기 쉽고, 돌이키기도 어렵습니다. 반면 꾸준히 끈기 있게 가는 사람은 사고도 잘 안 나고, 실수를 해도 회복하기 쉽습니다. 조금만 방향을 틀면 되니까요. 어차피 포기하지 않으니 실수를 통해 배우면 됩니다. 산티아고는 자신은 천재가 아니라고 생각했습니다. 실수를 해도 상관하지 않았던 거지요. 포기하지 않고 끈질기게 자신의 길을 갔습니다.

　저는 몇 번 전공을 바꾸었습니다. 처음에는 이과, 그다음은 영어, 그리고 철학. 지금은 글을 쓰고 있습니다. 뭐 큰 이상이나 꿈이 있었던 것은 물론 아닙니다. 방황한 것뿐입니다. 이것저것 해보다가 〈그래도 이게 낫겠다〉 이런 과정이라고 할 수 있겠지요. 특별한 관심이나 재주가 있는 것은 아니었기에 〈이것만은 꼭 해봐야겠다〉 하는 것은 없었습니다. 산티아고처럼 그림에 빠진 것도 아니고, 그의 아버지와 같은 조력자라든가 대단한 끈기가 있었던 것도 아니었습니다. 혼자서 이것저것 해본 것뿐이지요. 하지만 이것이 아니다 싶으면 다른 것에 도전하는 유연성은 있었던 것 같습니다. 안 되는 걸 고집하지는 않았습니다. 처음에 이과로 대학에 입학하여 한 일 년 다녀 보니 어쩐지 이것은 아니라는 생각이 들어 그만두었습니다. 〈뭔가 이상하다, 내 길은 아닌 것 같다〉 뭐 이런 마음이었지요. 군대 갔다 온 후 어찌하여 영어과에 갔는데 재미도 있고 괜찮기는 했지만 뭔가 부족한 느낌이 들었습니다. 그래서 대학원에서는 철학을 전공했는데, 상당한 만족감을 주었습니다. 그리고 글을 쓰기 시작한 것입니다.

　그런데 이곳저곳 기웃대며 방황한 것이 지금의 글쓰기에 상당한 도움을 주고 있습니다. 과학 이야기도 전부 이해하지는 못해도 분위기는 알 수 있고, 영어도 잘하지는 못하지만 감을 잡을 수는 있고, 철학도 자세히는 몰라도 맥락 정도는 파악할 수 있습니다. 배운 분야가 여러 가지이다 보니 폭넓고 다양하게 책을 읽고 글을 쓸 수 있습니다. 물론 의도를 갖고 각 분야를 공부하고 준비한 것은 전혀 아닙니다. 그저 자신의 적성을 찾아 이것저것 해본 결과일 뿐입니다. 의도하지 않았지만 결국은 도움이 된 경우라 하겠습니다.

어렸을 때부터 저는 꿈이 없었습니다. 굳이 찾자고 하면 아무 일도 안 하고 지내는 것이 꿈이었지요. 학교 다닐 때 방학이 제일 좋았는데, 날마다 방학처럼 보내는 것이 꿈이었다고나 할까요. 하지만 무엇인가 해야 하기에 뭘 하면 좋을까 고민하고 모색할 수밖에 없었습니다. 그래서 이것저것 해본 것입니다. 이 과정에서 저는 특정한 분야를 끈기 있게 추구하지는 않았지만, 끈기 있게 자신에게 맞는 일을 찾아 왔습니다. 겉으로는 전공을 여러 번 바꾸는 것으로 보였어도, 적성에 맞는 일을 찾는다는 자세는 변하지 않았습니다. 포기하지 않고 하나씩 천천히 찾았던 것이지요.

미술 한길만 걷거나 트로트 가수 한길만 걸어서 성공한 사람들의 이야기가 종종 방송에 나옵니다. 많은 고생을 하고 무명 시절을 참아 내면서 이룬 성공이라 대단하다는 생각이 절로 듭니다. 하지만 겉으로는 여러 직업을 전전하거나 의도적으로 전환하는 사람도 속으로는 치열하게 한 가지만을 추구하는 경우가 많습니다. 두 가지 경우의 공통점은 어쨌든 끈기 있게 추진한다는 겁니다.

산티아고는 선택을 열어 놓고, 끈질기게 하고, 실수를 인정하는 유연성으로 성공했다고 전문가는 평가합니다. 저는 이 중에서 끈질김이 성공의 기초라고 여깁니다. 겉으로 드러나든 아니든, 무엇이든 끈질기게 해야 결실을 거둘 수 있습니다. 빨리 포기하거나 대충하거나 꾸준히 하지 않고서 성공을 거둘 수는 없기 때문입니다. 짧은 시간 배워서 결과를 내기는 거의 불가능합니다. 영어를 꾸준하게 하지 않고 잘한다면 기적일 테고, 수학을 단기간에 배울 수 있다면 세상에 수학 못 하는 사람은 없을 겁니다. 그런데도 사람들은 지금도 단기 완성이란 구호를 내걸고 영어나 수학 강습을 선전하고 있습니다.

공부는 농사와 비슷한 점이 있습니다. 바로 절대적인 시간이 필요하다는 것이지요. 아무리 비닐하우스에서 재배한다고 해도 꼭 필요한 시간이 있습니다. 단기 속성으로 되는 일이 아닙니다. 공부도 마찬가지입니다(혹시 천재는 모르겠습니다. 하지만 우리 모두는 천재가 아니고, 공부를 잘하는 데 천재의 자질은 필요 없습니다). 배움의 시간이 필요하고, 그 시간 동안 꾸준히 해야만 합니다. 끈질김이 없다면 선택을 열어 두거나 실수를 유연하게 받아들이는 방식도 작동하지 못할 겁니다.

좌절을 두려워 말라

조주화상이라는 중국 당나라 스님이 있었다고 합니다. 먼 옛날이야기라 사실일까 의심이 들기도 하지만, 문헌에 나온 것이라 소개합니다. 그는 〈7세의 아동이라도 나보다 나으면 그에게 묻고, 100세의 노옹이라도 나에게 미치지 못하면 그를 가르칠 것이다〉라고 말한 뒤 남천이라는 선승이 거처하는 곳으로 갔는데, 그때 그의 나이 61세였습니다. 그곳에서 20년간 수업을 계속하여 졸업할 때의 나이가 80세였고, 관음원으로 옮겨 설법을 시작하여 120세까지 계속 중생을 교화하고 구원에 힘썼다고 합니다. 제가 조주화상을 예로 든 것은 배움에는 나이가 없다거나 원래 배움은 끝이 없다고 말하려는 것은 아닙니다. 그런 해석이 옳다는 것은 두말할 필요도 없어 보이니까요. 특히 나이와 관계없이 어린 사람에게도 배우려는 자세는 본받아 마땅합니다. 다만 저는 그가 늦은 나이에 겪었을 좌절에 대해 생각해 보고자 합니다.

전문가들은 좌절 없이는 의미 있는 학습이 어렵다고 합

니다. 즉 재미있고 쉬운 방식으로는 중요한 것들을 배울 수 없다는 것이지요. 다시 말해서, 잘 배우는 사람들은 종종 좌절을 겪을 수밖에 없다는 겁니다. 좌절은 애써 노력한 사람에게만 오기 때문입니다. 설렁설렁 하고 좌절한다면 오히려 이상하지요.

좌절은 진정으로 바라고 애썼는데도 이루지 못할 때 쓰는 말입니다. 한 프로야구 선수가 겨울 내내 집에도 가지 않고 훈련장에 머물렀습니다. 운동량도 대폭 늘리고 코치 지도도 받으며 최선을 다했습니다. 그런데 막상 시즌이 시작되자 방망이를 헛돌리고 2군으로 추락한다면, 그는 좌절하겠지요. 자신이 했던 노력이 헛수고라는 기분일 겁니다. 그러나 좌절은 애써 노력한 사람에게만 옵니다. 오히려 실패가 아니라 노력의 신호입니다. 좌절했다면 그만큼 노력했다는 의미이기 때문입니다. 반면 실패란 완전히 포기했을 때 하는 말입니다. 노력도 하지 않은 사람이 좌절할 수는 없는 노릇입니다.

좌절을 겪는 사람은 성공의 가능성도 큽니다. 그것은 노력하는 사람이기 때문입니다. 애써 노력하면 뇌가 바뀝니다. 이 점은 앞에서 여러 번 말씀드렸습니다. 새로운 시냅스가 형성되고, 새로운 뇌 연계가 만들어지고 강화되며, 능력이 향상되기 때문입니다. 노력한 사람의 뇌에서 일어난 변화가 어디 가겠습니까? 배워서 남 안 준다는 말은 이런 의미일 겁니다. 앞의 2군으로 추락한 선수는 언젠가는 다시 1군으로 올라가 맹활약할 수 있을 겁니다. 그가 몸에 익힌 기술이 어디로 간 것은 아니기에 적절한 지도로 그 기술이 살아날 수 있기 때문입니다.

유명한 가수가 자신의 길고 긴 무명 시절을 말하면서 수많은 오디션 탈락을 언급합니다. 오디션에 대비해 수없이 연습하고 갔는데도 1차에서 떨어지고 말았다, 좌절했지만 포기하지 않고 다시 오디션에 도전했고, 계속되는 탈락에도 불구하고 지적받은 약점을 보완하여 결국에는 성공했다는 것이지요. 좌절을 모르고 처음부터 노래를 잘했을 것 같은 가수도 좀 더 사연을 들어 보면 노래 외적인 것으로 좌절을 겪은 경우가 많습니다. 매니저를 잘못 만나서, 방송국 검열 때문에, 혹은 스캔들로 인해 낙담한 경우도 있지요. 또는 가정사나 질병도 그 이유가 됩니다. 하지만 이를 이겨 냅니다.

자신보다 못해 보이는 사람들하고만 어울리기 좋아하는 사람이 있습니다. 사람이 다 거기서 거기인데 예민하게 반응한다고도 볼 수 있으나, 어쩌면 상처받거나 열등감 느끼는 것이 싫어서일 수도 있습니다. 친구 하나가 오랫동안 등산 모임에 나오지 않고 있었습니다. 무릎 통증이 심해 갈 수가 없다고 했습니다. 어느 날 등산을 마치고 내려와 식사하는데 그 친구가 다른 사람들과 함께 등산복 차림으로 들어왔습니다. 누가 보아도 방금 하산한 모습이었습니다. 그 친구도 멋쩍었는지 어설픈 인사만 하고는 일행 쪽으로 가버렸습니다. 아마도 사업 실패로 인해 잘나가는 친구들 보기가 꺼려졌던 게 아닐까 합니다. 좌절의 시간을 보내고 있었기에 좌절을 새삼 확인하고 싶지는 않았을 겁니다.

좌절은 이처럼 그리 낭만적이지 않습니다. 그러나 좌절의 시기에는 좌절해야 합니다. 애써 벗어나려 하거나 아닌 것처럼 행동해 봐야 더욱 악화될 뿐입니다. 슬플 때 울어야 하는 것처럼, 좌절할 때는 피하지 말고 좌절했다고 말해야 합니다. 배고픈데 돈이 없다면 솔직히 말하는 것이 좋습니다. 남을 피해 다니면서 혼자 배곯을 이유가 없습니다. 좌절은 누구나 겪는 것이고 좌절 없이는 성취도 없습니다. 좌절을 껴안아야 합니다.

어렸을 때 학년이 바뀌고 처음 시험을 보면 가슴이 두근거렸습니다. 내 성적이 어느 정도인지 가늠할 수 있었기 때문입니다. 학년 초에는 매번 받아든 성적표에 조금 실망했습니다. 하지만 힘을 내서 적응하려 했습니다. 1학기가 끝날 때까지 성적이 오르지 않으면 좌절은 아니더라도 실망한 적이 꽤 있었지만, 계속했습니다. 그리하여 2학기 말쯤

공부 기술의 핵심은 좋은 태도 **133**

에는 어느 정도 만족한 상태로 학년을 마쳤습니다. 나이나 환경에 따라 강도는 다르겠지만 누구나 좌절이나 실망을 겪을 수밖에 없습니다. 공부도 마찬가지입니다. 공부를 계속하려면 좌절을 다루는 방법을 익혀야만 합니다. 아마도 조주화상도 좌절을 껴안고 달래 가면서 120세까지 정진했을 겁니다. 61세에 출가한다는 것 자체가 상상하기 힘든 일입니다. 그렇다면 그전 60년 동안 얼마나 많은 일이 있었을 것이며, 출가 후 수행 과정 또한 어떠했겠습니까. 나이가 많으면 아무래도 학습에는 지장이 많습니다. 세 번 외울 것 일곱 번 외워야 하고, 한 번 들을 것 다섯 번 들어야 합니다. 이 과정이 지난했을 터이고 종종 좌절했겠지요.

옛날과 달라진 풍경 하나를 소개하겠습니다. 예전에는 공부 잘하는 아이와 친구 맺는 것을 부모님이 좋아했습니다. 같이 다니게 되면 자극을 받아서 자식도 공부를 잘할 거란 믿음이 있었겠지요. 이런 믿음의 전제는 자식이 자극을 받으면 공부할 것이라는 겁니다. 따라서 공부 잘하는 학생은 친구 집에서 우대를 받았으나, 그렇지 않은 경우는 푸대접까지는 아니더라도 환영받지 못했습니다. 요즘은 친구를 집에 데려가는 일도 많이 줄었지만, 데려가도 공부를 잘하는지 여부는 관심 대상이 아닙니다. 부모님이 〈그 친구는 공부 잘하는데 너는 왜 그 모양이냐!〉 이런 말로 자극해 봐도 소용이 없기 때문입니다. 돌아오는 답이 〈응, 그 친구는 원래 잘해. 나는 못 하고〉라는 것이기 때문입니다. 비교하지 말라는 것이지요. 이렇다면 자극이 될 수 없겠지요. 그런데 제 느낌으로는 요즘은 누구나 좌절하기 싫어하는 것 같습니다. 〈괜히 욕심 내다 안 되면 상처받는다. 그러니 아예 생각하지 말자. 좌절해 바닥에 쓰러져 있으니 상처받지 않고 마음 비우고 살겠다〉는 것이지요. 저는 좋은 선택이 될 수 있다고 생각하지만, 아쉬움이 남습니다. 자신을 펼쳐 보이는 기회조차 못 얻게 되기 때문입니다. 자신이 어디까지 갈 수 있는지, 능력의 최대치는 어느 정도인지를 알지 못하게 된다는 것이지요. 즉 인생을 회피하는 겁니다. 정면으로 맞서 헤쳐 나아가야 자신의 인생을 찾을 수 있는데, 상처받을까 봐 좌절할까 봐 아예 시도조차 안 하려는 것이 아닐까요. 좌절을 껴안고 극복해야 인생이 시작됩니다.

성실하라

영화나 드라마에서 성실한 캐릭터로 흔히 볼 수 있는 인물이 요리를 배우는 수습생입니다. 물론 여기에서는 요리뿐만 아니라 무엇인가를 배우려는 인물을 말합니다. 옛날 쿵푸 영화에서는 보통 주인공이 이런 역할을 했지요. 이런 사람들의 특징 중 하나는 밤에 혼자서 그날 배운 것을 연습한다는 겁니다. 다른 사람들은 잠을 자거나 노는데 주인공은 수방에서 혹은 뒤뜰에서 혼자서 열심히 그날 배운 것을 다시 해보곤 합니다. 그리고 쉬는 날에도 놀러 가지 않고 주방에서 그동안 배운 것을 복습합니다. 무술도 마찬가지이지요. 쉬는 날 산에 올라가 날이 저물 때까지 연습에 연습을 거듭합니다. 그럼 거의 언제나 사부가 우연히 그 장면을 보게 되고 말없이 고개를 끄떡입니다. 관객들도 성실하다는 인상을 받습니다.

이런 주인공의 모습은 앞에 나온 시차 두기 실천의 한 장면입니다. 시차 두기는 배우면 그 자리에서 해보고 그날 저녁이나 밤에 다시 해보고 며칠 후에 다시 해보는 것입니다. 즉 시차를 두고 연습해야 뇌 연계가 잘 된다는 것입니다. 영화 주인공이 하는 것이 바로 이것이지요. 시차를 두고 연습하니 당연히 학습 효과가 좋습니다. 스승이 가르친 것을 남보다 빨리 습득하니 스승이 예뻐하는 것도 무리는 아니겠지요. 가르쳐 주면 자기 것으로 만들기 위해 밤낮으로 열심히 한다는 인상을 주기에 충분합니다. 제자는 시차 두기를 할 뿐인데 남들 눈에는 성실한 사람으로 비칩니다.

또한 성실한 사람은 집중력이 남다릅니다. 영화에서도 제자는 스승의 시범을 매의 눈으로 봅니다. 손끝 하나 동작

하나도 놓치지 않습니다. 배울 때 집중하지 않고 후에 뛰어난 사람이 된 예는 별로 없을 겁니다. 성실한 사람은 수동적이지 않습니다. 시키는 일을 고분고분 묵묵히 다 한다는 인상을 받을 수 있으나, 학습 면에서 보면 아닙니다. 오히려 적극적으로 자신이 모르는 것은 과감하게 묻는 쪽입니다. 영화에서도 마찬가지입니다. 그저 시키는 대로 하지 않고 어느 날 갑자기 자신이 고안한 방법으로 요리도 해보고, 무술 동작도 해봅니다. 그러면 스승이 꾸짖거나 더 나은 방법을 알려 주고, 아니면 아직은 때가 아니라고 타이릅니다. 그런 장면에서 스승은 제자를 흐뭇하게 바라보지요. 〈열심히 한다, 크게 될 놈이다〉 이렇게 생각합니다. 즉 적극적으로 배움에 임하는 자세를 긍정적으로 보는 것이지요. 흔히 듣는, 질문을 잘해야 한다는 것은 아마도 이런 뜻일 겁니다.

대학에서 영어를 배울 때 매주 하는 일이 있었습니다. 미국인 교수가 여럿 있었는데, 면담 시간을 정해 놓고 있었습니다. 일주일에 두 번 정도 한 시간씩이었던 것으로 기억합니다. 학생이 자유롭게 찾아가 무엇이든 물어볼 수 있는 시간이었습니다. 저는 매주 찾아가 제 쓴 짧은 글을 보여 주고 교정을 받았습니다. 보통 일주일 전에 글을 제출하고 일주일 후에 찾아가 배우는 식이었지요. 저는 이 시간을 통해 많이 배웠습니다. 저는 적극적으로 배우고자 했고, 교수는 그에 응해서 성심껏 가르쳐 주었기 때문입니다. 물론 이런 행위로 제가 성실하다고 말할 수는 없지만 적어도 배움에 적극적이었다고는 말할 수 있을 겁니다. 성실하다고 말할 수 있으려면 한두 번에 그치지 않고 몇 학기라도 계속하는 것이겠지요. 저는 이런 기준이라면 만족시켰습니다. 적어도 2년 이상은 했으니까요. 앞에서 말한 끈기라고도 할 수 있겠습니다(그래서 영어는 좀 늘었을까요? 글쎄요, 그건 좀……).

성실에 대해 말했습니다만, 요약하면 시차 두기, 집중력, 능동적으로 배우기, 끈기 정도가 되겠습니다. 하지만 이런 요약에도 불구하고 성실함에는 여전히 〈묵묵함〉이란 이미지가 붙어 있습니다. 〈말없이 자기 일을 끈기 있게 해나간다〉 이런 이미지는 성실과 분리하기 어려워 보입니다. 영화 속 주인공은 유쾌하고 친절한 사람이기는 하지만 수다스럽거나 허세를 떨지는 않습니다. 역시 겸손이나 배려가 몸에 배어 있습니다. 제 생각으로는 좌절을 이겨 내고 오랫동안 포기하지 않고 간다는 이미지가 아닐까 합니다. 즉 조주화상한테서 받는 이미지와 흡사하겠지요. 성실한 사람은 안으로는 많은 좌절을 묵묵히 견뎌 내기 때문입니다. 영화 속 주인공은 동료들의 모함이나 선배들의 시기 등을 이겨 내고 정상에 오릅니다. 그가 겪는 울분과 좌절도 영화에 자세히 묘사됩니다.

성실하라는 말은 간단하지만, 그 속에는 많은 것이 담겨 있습니다. 이 시대에는 성실이란 말이 낯설어지고 있습니다. 성실이라는 말은 옛말이고 요즘과는 어울리지 않아 보이기도 합니다. 요즘은 빠르게 적응하고 변화에 즉시 반응해야 하고, 한 가지가 아니라 멀티로 움직이는 게 미덕으로 여겨지기 때문일 겁니다. 하지만 성실은 여전히 가치가 있습니다. 배움의 요소가 되는 시차 두기, 집중력, 능동성, 끈기 그리고 좌절 극복 등을 모두 포함하기 때문입니다. 즉, 잘 배우려면 성실해야 한다고 말할 수 있을 겁니다.

공부 기술의 핵심은 좋은 태도

공부는 습관이다

공부는 의지가 아니라 습관이다

작심삼일에 따르면, 공부는 의지가 아니라 습관입니다. 아무리 굳은 결심을 해도 3일이면 수명을 다한다는 말이니까요. 왜 그럴까요? 실제로 의지와 습관은 아무 상관이 없고, 실제 일을 하게 하는 것은 의지가 아니라 습관이기 때문입니다. 하늘의 별이나 달을 따려는 의지가 아무리 강해도 실제로 할 수 없거나 하지 않으면 아무 소용없습니다. 그래도 사람들은 말합니다. 〈일단 의지를 가져야 한다. 그래야 할 수 있다.〉 맞는 말이긴 하지만, 거꾸로도 맞는 말이 됩니다. 즉, 〈습관을 일단 들이면 의지가 생길 수 있다〉는 것이지요. 무슨 일을 하려면 일단 준비가 되어 있어야 합니다. 강원도 여행을 하려면 일단 교통편이 마련되어야 할 겁니다. 자동차가 준비되면 갈 수 있는 곳은 아주 많아집니다. 그때

가고 싶었던 곳을 갈 수도 있고, 가다가 생각나는 곳을 갈 수도 있습니다. 말로만, 생각으로만 강원도 여행을 가겠다고 해봐야 실제로는 갈 수 없습니다.

습관은 일을 궤도에 올려놓는 작업입니다. 일단 궤도에 오르면 훨씬 힘이 덜 들고 자신이 하고픈 것을 할 수 있습니다. 그런데 궤도에 올리는 것은 무척 힘듭니다. 좀처럼 궤도에 오르지 않습니다. 옛날 습관이 발목을 잡기 때문입니다. 사실은 발목뿐만 아니라 온몸 전체를 칭칭 감고 있다고 해야 할 것입니다. 그만큼 빠져나오기 쉽지 않기에 의도를 갖고 고통스럽게 노력해야만 합니다. 쉽고 재미있는 방법이 있을 리 없습니다. 단지 조금 더 효율적인 방법이 있을 뿐입니다. 그 효율적인 방법이란 앞에서 제시된 공부 기술을 하나씩 몸에 익히는 것입니다.

공부를 잘하겠다는 의지는 생각하지 말고, 우선 앉아 공부를 시작하는 습관을 몸에 익히는 게 중요합니다. 일단 앉아야 뭔가 하겠지요. 처음 20분은 고통을 느끼는 것이 자연스럽고, 그 20분이 지나면 고통은 사라진다는 앞의 말을 머릿속에 넣고 일단 앉아 봅시다. 그리고 25분이 집중의 한계라는 제안을 역시 머리에 넣고 애를 써봅니다. 한 가지 더 말하자면, 전날 밤 자기 전에 다음 날 할 일을 머릿속에서 짜놓았다면 훨씬 수월하게 군동작 없이 바로 공부에 들어갈 수 있겠지요.

이런 작업은 하루 이틀 연습해서 습관이 되지 않습니다. 하기 싫어도, 잘 안 돼도 끈기를 갖고 해야 합니다. 〈몇 번 해보니까 되더라〉 이렇게 말하는 사람이 있을지도 모르겠으나, 조금만 지나면 바로 옛날로 돌아가는 모습을 보게 될 겁니다. 앞에서 제시된 제안들을 모두 습관으로 만들어야 하는데, 처음부터 원래 힘든 일이라는 점을 감안하고 시작하는 것이 성공 확률을 높일 겁니다.

일과를 끝내는 시간을 정하라는 제안이 있었습니다. 이것을 습관으로 만들려면 일과 전체를 조정하는 것은 물론 시간 배분이 중요합니다. 특히 컨디션이 좋을 때를 조심해야 합니다. 예를 들어, 밤 12시가 일과를 끝내는 시간이라 합시다. 그런데 그날따라 공부가 잘 됩니다. 조금 더 하고 싶은 사람은 한 시간쯤 더 하고 잘 수도 있을 겁니다. 반대로 컨디션이 나쁜 날도 있을 겁니다. 어쩐지 몸이 무겁고 능률도 오르지 않는 사람은 한 시간쯤 일찍 잘 수도 있습니다. 이 경우 몸이 아픈 날이야 어쩔 수 없더라도, 몸 상태가 좋은 날에는 최대한 끝내는 시간을 지켜야 합니다. 그렇게 지속적으로 해아 끝내는 시간이 비로소 습관이 됩니다. 학교 가는 것과 비슷합니다. 컨디션에 따라 등교 시간이 들쭉날쭉하다면 등교 시간이 무슨 의미가 있겠습니까. 항상 일정한 시각에 가야 의미가 있습니다.

스마트폰도 마찬가지입니다. 집중하기 위해서는 스마트폰을 되도록 멀리 해야 한다고 앞에서 여러 차례 제안했습니다. 물론 쉽지 않습니다. 혹시 관계망이 붕괴할까 걱정도 되고, 손에 없으니 허전하기도 하지요. 하지만 집중을 위해서는 관심을 끊어야 합니다. 특히 스마트폰을 보느라 학교나 학원으로 이동 중에 휴식을 취하지 않으면, 본격적인 학습 시간에 긴장할 수 없게 됩니다. 에너지가 소진된 것이지요. 긴장과 이완을 반복해야 하는데, 계속 긴장 상태여서는 곤란하다고 이미 말씀드렸습니다. 공부할 때는 일단 스마트폰을 다른 방에 놓고 20분을 참아야 합니다. 그러면 차츰 고통이 사라질 겁니다. 한두 번에 안 된다고요? 그럼 될 때까지 끈기를 갖고 해야 합니다. 다른 방법은 없습니다. 습관을 바꾸지 않고는 어떤 변화도 일어나지 않기 때문입니다.

모두 자신의 책임이다

줄리어스 예고라는 창던지기 남자 선수가 있습니다. 2015년 세계선수권 대회에서 금메달을, 2016년 리우데자네이루 올림픽에서는 은메달을 땄습니다. 이렇게 보면 특별해 보이는 것은 없습니다. 하지만 그가 케냐 출신이라면 얘기가 달라집니다. 왜냐하면 케냐는 육상 강국이긴 하지

146

만 창던지기를 훈련하기에는 제반 환경이 갖춰져 있지 않기 때문입니다. 그는 제대로 된 운동화도 구하지 못했고, 창도 나뭇가지를 잘라 직접 만들었으며, 코치를 본 적도 없었습니다(당시 케냐에는 창던지기 코치가 한 명도 없었다고 합니다). 그럼 그런 그가 어떻게 세계적인 선수가 되었을까요? 그는 유튜브를 통해 배웠습니다. 인터넷 카페에서 몇 시간이고 유튜브를 보고 따라했다는 겁니다. 엄청나게 훈련했겠지요. 유튜브로 배워야 했으니, 잘못된 점을 고치고 다시 연습해 보고 다시 유튜브를 보았겠지요. 물론 후에 코치를 두게 되지만, 그가 창던지기에서 세계적인 선수가 된 것은 스스로 배웠기 때문입니다.

공부를 안 하는 사람은 핑계가 많습니다. 공부방이 없다, 학원에 가지 않아서, 실력 있는 선생님을 못 만나서, 동생이 괴롭혀서, 날씨가 너무 더워서, 지방에 살아서, 친구들이 마음에 안 들어서……. 끝이 없지요. 물론 좋은 환경이면 더 효율적이겠지요. 공부만 할 수 있는 환경이라면 더 유리할 수도 있을 겁니다. 하지만 환경이 핑계가 될 수는 없습니다. 결국은 자신의 책임입니다. 자신이 하지 않으면 어떤 환경이나 조건이라도 소용이 없습니다. 배움은 전적으로 자신에게 달린 겁니다. 어떤 환경이든 자신이 하려고 하지 않으면 그 어떤 것도 소용이 없다는 뻔한 진리를 종종 우리는 잊곤 합니다. 줄리우스는 스포츠 과학자나 심리학자, 전문 트레이너를 두지 않고도 훌륭한 성적을 남겼습니다. 사람들은 전문가의 도움을 받는 것을 너무 당연시합니다. 전문 트레이너가 없으면 체력 관리에 허점이 있을 것처럼 여깁니다. 공부도 마찬가지입니다. 공부방, 학원, 참고서, 일타 강사, 부모님의 격려가 없으면 공부 못 할 것처럼 말합니다. 줄리우스에게는 유튜브 하나로 충분했습니다.

어렸을 때 아버지가 제게 〈말을 물가에 데려갈 수는 있어도 물을 먹일 수는 없다〉고 말씀하셨습니다. 이제 와 생각해 보니 제가 어지간히도 뺀질거렸던 모양입니다. 하라는 공부는 안 하고 딴짓을 계속하니 답답해서 하신 말씀이었을 겁니다. 옛날부터 있었던 이 말에 저는 이제는 공감합니다. 자기가 안 하면 그 어떤 수단이나 방법도 소용없다는 것이지요. 이와 거의 같은 뜻의 서양 말도 있다고 합니다. 즉 〈사냥막에서는 사슴을 잡을 수 없다〉는 말도 있고, 〈제복을 입고 나와서 네가 원하는 것을 찾아라〉라는 말도 있습니다. 즉 자기가 해야 한다는 뜻이겠지요. 결국 배운다는 것은 성적표에 적힌 성적이나 단순히 나이 먹어서 알게 되는 것들이 아니라는 겁니다. 자신의 탐험 결과로 얻은 것이어야 한다는 겁니다.

배우려는 사람이 가장 무섭다고 합니다. 패배에서도 배

우는 사람, 승리해도 부족한 점을 배우는 사람, 토론에서 져도 배워서 오는 사람, 토론에서 이겨도 배워서 오는 사람, 자기보다 어린 사람에게도 기꺼이 배우는 사람, 자신이 무지하다고 생각하고 끊임없이 공부하는 사람.

배우고자 하는 사람을 이길 방법은 아마도 없을 겁니다. 사람은 죽을 때까지 누군가의 학생이라는 말도 아마도 배우고자 하는 마음가짐을 강조한 것일 겁니다. 젊은 시절에 공부 잘하는 사람도 평생 정진하지 않으면 중년쯤에 벌써 빛을 잃습니다. 반면 어린 시절에는 미미했으나 평생 배운 사람은 나이가 들면 빛이 납니다. 배움에서는 모든 것이 자신의 책임입니다.

쉽고 재미있는 방법은 없다

문제집이나 학원 광고에서 〈쉽고 재미있는 공부〉라는 문구를 흔히 볼 수 있습니다. 실제로 그런 방법이 있을지도 모르고 그런 광고를 하는 심정도 충분히 이해할 수 있습니다. 비법이라는 말도 종종 사용합니다. 그런데 그 비법이 쉽고 재미있는 방법은 아니라고 전문가들은 말합니다. 혹시 재미있는 방법이 비법이 될지 모르겠으나, 적어도 쉬운 방법은 아니라고 합니다. 즉 배움이 어렵고 유쾌하지 않다고 느낀다면 대부분은 잘 되고 있다는 겁니다.

쉬운 방법은 모래 위에 글씨를 쓰는 것과 같다고 합니다. 잠깐은 좋습니다. 쓰기도 쉽고 재미도 있으니까요. 하지만 곧 파도가 밀려오면 글씨는 사라집니다. 공부도 마찬가지입니다. 잠깐 반짝 기억하거나 써먹는 것보다는 장기 기억으로 오래 남아 필요할 때 꺼내 쓸 수 있어야 좋습니다. 그런 장기 기억은 앞에서도 강조했듯이 쉽게 얻어지지 않습니다. 벼락치기는 안 된다, 시차 두기를 해야 한다, 시험을 자주 보라, 섞어서 하라, 잠을 충분히 자야 한다, 휴대폰을 멀리해라 등 앞에서 많은 주문과 제안을 했습니다. 모두 장기 기억을 위한 것이었지요. 하나같이 힘든 주문이었고요. 하지만 실천하면 좋습니다. 몸에 좋은 약은 입에 쓰다고 합니다. 요즘은 아니라고요? 먹기에 달콤하고 몸에 좋은 약이 많이 나왔다고요? 하지만 공부는 아닙니다. 역사 이래로 무엇인가를 배워 몸에 익히고 자신의 것으로 만드는 것은 항상 어려운 작업이었습니다. 앞으로도 우리가 고통 없이 지식을 획득하는 일은 거의 없을 겁니다.

2부

공부의
활용

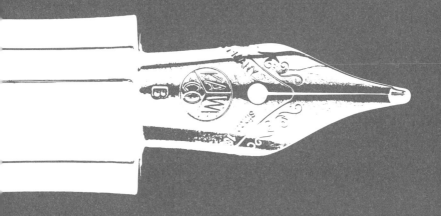

어려운 문제를 먼저 풀어라

　시험지를 받으면 긴장이 고조됩니다. 〈과연 무슨 문제가 나왔을까? 내가 아는 문제가 많이 나왔으면 좋겠다〉는 마음 때문이겠지요. 물론 시험 자체가 긴장을 유발합니다. 이런 상황에서 보통 시험지 전체를 둘러볼 여유를 갖기는 쉽지 않습니다. 우선 1번 문제부터 봅니다. 그런데 잘 모르는 문제라면 당황하게 되지요. 그렇게 되면 전체적으로 페이스가 흔들립니다. 따라서 어떤 전문가들은 쉬운 문제부터 풀라고 조언합니다. 쉬운 문제를 풀어서 마음이 안정되면 나머지 문제도 잘 풀 수 있기 때문이라고 합니다. 그럴듯해 보이지만, 뇌과학자들은 정반대 이야기를 합니다. 어려운 문제부터 풀 때 시험 잘 볼 확률이 훨씬 높아진다는 겁니다.

　조금 믿기 어렵지만, 뇌과학자들은 우리 뇌는 이중 처리기라고 합니다. 즉 긴장 상태가 끝나는 대로 이완 상태의 뇌가 과제를 넘겨받아 소리 없이 처리한다는 것이지요. 예를 들어, 어려운 문제를 풀다가 잘 안 풀린다고 할 때, 일단 쉬운 문제로 넘어가면 뇌는 그 어려운 문제를 넘겨받아 한쪽에서 풀기 시작한다는 겁니다. 그리하여 쉬운 문제들을 다 풀고 다시 못 푼 어려운 문제를 대하면 뇌가 이완 상태에서 진행한 것이 보탬이 된다는 것이지요. 즉 그 시점에서 어려운 문제가 훨씬 잘 풀린다는 겁니다. 신기한 일이지요. 자신은 다른 문제를 풀고 있는데, 뇌가 알아서 어려운 문제를 풀고 있었다니. 이것을 이중 처리라고 부릅니다. 어려운 문제는 이완 상태가, 쉬운 문제는 긴장 상태가 동시에 작업하고 있기에 이런 이름을 붙였습니다. 잠과 비슷합니다. 풀다가 못 풀고 잠들면, 잠자는 사이 뇌가 그 과제를 수행하는 것과 다르지 않습니다.

그럼 어려운 문제를 어느 정도 붙잡고 씨름하다 쉬운 문제로 넘어가야 하나요? 이 질문에 답하기 전에, 우선 시험지 전체를 훑어보라고 말하고 싶습니다. 즉 전체적으로 쭉 보고 그중 가장 어려워 보이는 문제를 하나 선택해야 합니다(물론 쭉 봤는데 다 아는 문제라면, 이런 고민은 필요 없습니다. 일단 있다고 칩시다). 한 문제를 택해서 푼다고 할 때 1~2분 정도가 적당하다고 합니다.

1~2분은 시험장에서 미묘한 길이입니다. 일상에서라면 이 시간은 얼마 되지 않아 무시해도 좋을 정도입니다. 하지만 시험장에서는 초 단위로 시간을 써야 하기에 분 단위의 시간은 길게 느껴집니다. 따라서 1~2분 동안 풀리지도 않는 문제를 잡고 씨름하는 것은 낭비로 보입니다. 그냥 그 시간에 다른 문제 푸는 것이 더 나아 보입니다. 게다가 시험지 전체를 훑어보는 것도 시간이 걸리기에 이 부분도 마음에 걸립니다. 즉 전체를 훑어보는 시간과 어려운 문제와 씨름하는 시간을 합하면 3분 정도는 걸리는데, 보통 시험 시간을 50분 정도라고 한다면 매우 긴 시간이기 때문입니다. 따라서 의도적으로 훈련하지 않으면 시험을 시작하자마자 3분을 쓸 여유를 갖기 힘듭니다. 게다가 모두가 문제를 열심히 풀고 있는데 자신만 시험지를 훑어보고 있다면 남들이 뭐라 생각할까요?

　외국 공항에 처음 가면 모든 것이 낯설어서 당황하게 되고, 곧바로 탑승 절차를 밟는 곳으로 가려고 합니다. 그곳이 목적지이니까요. 하지만 급할수록 돌아가라는 말이 있듯이, 처음에 공항 전체를 한번 훑어보고 안내도를 보는 쪽이 길을 찾는 데 훨씬 효율적입니다. 머릿속에 전체 그림이 있으면 다음 동선도 자연스럽게 떠오르기 때문입니다. 일일이 물어보지 않고도 이동할 수 있습니다. 그런데 보통 사람들은 2~3분을 투자하지 못하고 바쁘게 움직입니다.

시험의 전체 난이도를 가늠해 보고, 어려운 문제에 3분 정도 투자하는 것은 시험 전체에 꼭 필요한 과정입니다. 이런 훈련이 쌓이면 성적 향상에 큰 도움이 됩니다. 마찬가지로 집에서 숙제할 때도 어려운 과제부터 하는 것이 좋습니다. 여러 과제 중 어려워 보이는 것을 골라서 5분에서 10분 정도 열심히 해보는 겁니다. 잘 해결되지 않으면 역시 쉬운 과제로 넘어갑니다. 그리고 쉬운 과제를 마친 후 다시 해결하지 못한 어려운 과제로 돌아오는 것이지요.

그런데 문제를 본격적으로 풀기 전에 전체를 훑어보는 것은 어느 정도 시험 공부를 한 사람에게 해당합니다. 공부를 별로 하지 않았다면, 훑어보아도 어느 문제가 쉬운지 알 수가 없기 때문입니다. 따라서 어려운 문제를 먼저 풀 수 있으려면 어느 문제가 어려운지를 알아야 하기에, 이 또한 일정한 실력이 있어야 합니다. 시험 성적은 한 가지 공부 기술만 익힌다고 늘지 않습니다. 평소에 공부의 기초 체력을 올려놓을 필요가 있습니다.

예전 서울대 입시가 본고사였던 적이 있습니다. 모든 과목을 전부 주관식으로 이틀에 걸쳐 치렀는데, 수학이 특히 어려웠습니다. 100점 만점에 40점 정도면 합격할 수 있었는데, 대여섯 문제가 주관식으로 나왔습니다. 그러니 두 문제 반 정도 맞추면 합격할 수 있지요. 따라서 어느 문제를 풀 것인가를 결정하는 일이 무엇보다 중요했습니다. 100점을 맞는다는 것은 상상도 못 하기에 자신이 풀 수 있는 문제인지를 아는 것이 아주 중요했습니다. 풀 수 없는 문제를 붙잡고 씨름하다 시간을 날리면 다른 문제도 못 풀기 때문입니다. 누가 가르쳐 주지 않아도 전체 문제를 읽고, 먼저 포기할 문제를 고릅니다. 그러고는 세 문제 정도를 집중적으로 풀어 봅니다. 만약 이때 성공하지 못하면, 망하는 것이지요. 다른 문제는 더 어려우므로 가능성이 매우 떨어질 뿐 아니라 시간도 거의 없기 때문입니다. 이런 경우라면 〈어려운 문제를 먼저 풀어라〉에 해당하지 않습니다. 어려운 문제를 먼저 풀다가 시험을 망치겠지요(이런 시험에서도 물론 전체를 훑어보는 것은 적용이 됩니다만, 〈어려운 문제가 먼저〉 전략은 아무래도 쓰기 어렵습니다). 시험에 따라 전략이 달라지는 것은 자연스럽고 당연합니다. 다만 대개의 시험의 경우에는 어려운 문제를 먼저 푸는 전략이 유효합니다.

다시 보라

시험이 주는 긴장감은 시간 제한이 있다는 점에서 더욱 심해집니다. 시간이 무한정이고 자료를 마음대로 찾아볼 수 있는 시험이라도 압박감을 받는데, 시간 제한이 있는 시험이라면 오죽하겠습니까. 따라서 수험생은 시험지를 받는 순간부터 시간에 쫓기는 심정입니다. 그래서 문제 풀기 전에 시험지 전체를 훑어보는 3분을 쓸 여유를 갖기 힘들다는 것은 이미 말씀드렸습니다.

이와 마찬가지로 시험 시간 마지막 5분의 여유를 갖지 못하는 것도 보통입니다. 그러나 시험 종료 5분 전에는 문제 풀기를 마치고 전체를 다시 한번 검토하는 것이 좋습니다. 시점을 바꿔서 보면 새롭게 보이기 때문입니다. 이것은 또한 시차 두기에도 해당합니다. 시차를 두고 보면 잘못된 것이 보이기 때문입니다. 우선은 답을 잘못 쓴 것을 걸러낼 수 있습니다. 간혹 번호를 잘못 썼다든지 아니면 한 줄씩 밀려 답을 쓰기도 하기 때문입니다. 이런 기계적인 실수 말고도 문제 풀이 자체가 틀린 것을 발견하는 때도 있습니다. 〈어, 이게 아닌데!〉 하는 발견이지요. 〈왜 이렇게 썼지?〉 하는 의구심이 들면서 정정하게 됩니다. 보통 5분 정도의 검토를 통해 한두 개를 발견할 수 있습니다. 물론 하나도 찾지 못한다면 더 좋은 일이겠지요. 하지만 경험으로 보면 거의 언제나 어떤 실수가 나옵니다. 한두 개는 시험에서 매우 큰 것이지요.

이런 검토 시간을 갖기 위해서는 검토 전에 모든 문제를 풀어야 합니다. 그게 전제이지요. 당연한 말입니다. 문제도 다 풀지 못했는데 마감 5분 전이라고 해서 중간에 검토에 들어간다는 것은 말도 안 되지요. 따라서 검토 시간을 갖는 사람은 이미 성적이 상당히 좋을 것으로 예상합니다. 그런 사람이 검토를 통해 더 점수를 올리거나 굳히는 것이지요. 하지만 이것은 어쩔 수 없습니다(미안한 얘기지만, 이 책에서 제시하는 공부 기술은 아무래도 실력이 좋은 사람에게 더 유용합니다. 따라서 평소에 실력을 쌓아 놓는 것이 좋습니다). 아, 그리고, 다시 보기 전에 눈을 몇 번 깜박이거나, 고개를 들고 시선을 밖으로 향하고 멀리 보는 것도 기분 전환에 도움이 됩니다. 즉 상태 전환이지요. 〈이제부터는 다시 보기에 들어간다!〉 하고 태세를 전환하는 겁니다.

시험 보기 전에 준비해야 할 것들

시험 준비를 얼마나 잘하느냐를 측정하는 체크리스트가 있습니다. 물론 전문가들이 작성한 것입니다. 몇 가지를 보면 다음과 같습니다.

❖ 시험 전날 잠을 충분히 자는가?
❖ 복습할 때 적극적으로 기억 소환을 하는가?

- ❖ 거의 매일 조금씩 공부하는가?
- ❖ 쉬는 시간을 제외하고 집중하는가?
- ❖ 다른 장소에서 공부하는가?
- ❖ 요점만 적는가?
- ❖ 스스로 하는가?
- ❖ 숙제는 친구들과 같이하는가?
- ❖ 어려운 과제를 푸는 데 시간을 많이 쓰는가?
- ❖ 섞어서 공부하는가?
- ❖ 은유나 비유를 이용해 공부하는가?
- ❖ 쉬는 시간에 운동하는가?

꽤 많아 보이지만, 요약하면 평소에 공부하라는 겁니다. 즉 벼락치기 하지 말고 매일 조금씩이라도 하라는 말이고, 공부에 집중하고 시차 두기와 섞어서 하기를 실천하라는 것이지요. 답 먼저 보지 말고 스스로 애써서 문제를 풀라는 말이기도 하고요. 시험 잘 보는 비법은 평소에 효과적으로 제대로 공부하는 것이라는 메시지를 시험 보기 전 체크리스트란 이름으로 말한 겁니다. 사람들은 시험 잘 보는 비법이 있는 양 말하지만, 핵심은 평소에 공부하는 겁니다. 누구나 다 아는 이야기여서 조금 힘이 빠질 수도 있지만 이것이 진리이지요.

그런데 여기서 눈길을 끄는 것은 시험 전날 잠을 충분히 자라는 겁니다. 보통 시험 전날 평소보다 더 열심히 공부합니다. 어떤 사람은 밤을 새우며 공부하기도 합니다. 하얗게 불태우는 것이지요. 그러고는 다음 날 시험이 끝난 후 장렬하게 전사합니다. 모든 에너지를 쏟아부어 거의 좀비처럼 됩니다. 전문가들은 이러면 안 된다고 조언합니다. 시험 전날 밤이라도 충분히 자야 합니다. 그래야 아는 만큼 시험을 볼 수 있고 노력한 만큼 점수를 얻을 수 있기 때문입니다. 농구 선수든 야구 선수든 시합 전날에는 충분히 쉽니다. 하루 더 열심히 연습한다고 안 들어가던 슛이 들어가거나 안 맞던 공이 맞지 않습니다. 그보다는 컨디션을 충분히 끌어올려 있는 실력을 그대로 발휘하도록 조절하는 것이 필요합니다. 그래서 시합 전날은 가볍게 몸을 푸는 것으로 만족합니다.

그런데 이상하게도 지필 시험은 다들 욕심을 냅니다. 하루 전에 열심히 하면 성과가 나올 것으로 착각해서 과도하게 열심히 합니다. 하지만 성과는 기대 이하입니다. 다른 종목과 같기 때문입니다. 컨디션을 조절해서 평소 실력을 충분히 발휘하는 것이 합리적입니다. 이것을 지키지 못하면 다른 준비는 소용이 없다고 전문가의 체크리스트는 말합니다. 〈시험 전날 충분히 잠을 자는가?〉 하는 물음에 〈아니

시험 잘 보는 기술

오〉라고 체크했다면, 나머지 질문은 소용이 없다는 겁니다. 몸 상태가 엉망인데 시험을 잘 볼 리 없다는 것이지요. 내일 100미터 종목에 나가는 선수가 거의 잠을 자지 못하고 경기에 나선다면 결과는 뻔하지 않겠습니까. 그전 1년 동안 아무리 열심히 연습하고 식단 조절을 했어도, 평소대로 경기하지 못할 것은 분명합니다. 따라서 시험 전날은 무조건 충분히 자야 합니다. 그래야 나머지 시험 잘 보는 방법도 적용할 수 있겠지요. 그렇지 않다면 다른 노력이나 비법은 아무 소용이 없을 겁니다.

물론 많은 사람이 시험 전날 마음 편하게 잘 수는 없을 겁니다. 평소에 공부한 것이 충분하지 못한데, 〈시험 전날은 충분히 자라고 했어, 자자〉 이런 식으로 생각하기는 아무래도 어렵겠지요. 괜히 불안하고, 그래도 시험 기간인데 조금이라도 더 하고 자자는 욕심이 드는 것이 사람 마음이겠지요. 하지만 하루 더 한다고 대세에 영향을 주지 못합니다. 같은 자원으로 최선의 성과를 내려면 합리적으로 행위하는 것이 가장 좋습니다. 차라리 컨디션 조절을 하는 것이 최선입니다. 그러니까 평소에 공부해 두는 것이 가장 좋지요. 거의 매일 조금씩이라도 공부를 하고 시험 전날 충분히 자는 것이 합리적으로 보입니다.

문제를 많이 풀어 보라

시험을 잘 보려면 문제를 많이 풀어 보는 것이 좋습니다. 얼핏 들으면 너무 당연하다고 생각합니다. 하지만 조금 생각해 보면 현실은 그렇지 않습니다. 시험을 앞두고 보통은 요약이나 요점 정리를 다시 한번 읽어 봅니다. 그동안 공부한 것에서 핵심을 추려 기억하려는 것이겠지요. 물론 하지 않는 것보다 낫겠지만, 가장 좋은 방법인지는 생각해 볼 필요가 있습니다. 즉 요약보다는 풀었던 문제 중 틀린 문제만 다시 보는 것이 더 효과적이라는 겁니다. 틀린 문제를 다시 보면 틀렸기 때문에 더 주의하게 되어 집중력이 커집니다. 시간도 훨씬 덜 걸립니다. 반면 요점 정리는 책 읽듯이 하는 것이 보통이기에, 아무래도 집중력이 약해지기 쉽고 자극이 덜 합니다. 그러다 보니 시간이 꽤 걸립니다.

세 시간 공부하는 것보다 한 시간 시험 보는 것이 더 효과적이라는 전문가 의견이 있습니다. 그 이유는 적극적인 기억 소환에 있습니다. 즉 문제를 풀게 되면 억지로라도 생각해 내야 하기 때문입니다. 〈아, 그게 뭐였더라? 아, 이거 공부했는데, 뭐지?〉 이런 반응을 시작으로 기억을 강제 소환할 수밖에 없기에 학습에 큰 도움이 된다고 합니다. 강제 소환은 그 이름에서도 알 수 있듯이 힘듭니다. 강제로 하는 것은 먹는 일조차 힘드니까요. 하지만 학습 효과는 그만큼 큽니다. 강제로 기억을 소환하면 자기 것이 됩니다.

반면 그냥 흘러 지나가는 것은 아무리 반복해도 자기 것이 되지 않습니다. 이렇게 세 시간 공부해 봐야 아무 소용없다는 것이지요. 하지만 문제를 풀면, 모든 것이 달라집니다. 문제 풀기는 우리를 밀어붙입니다. 생각하도록, 그리고 생각해 내도록(따라서 시험을 보거나 문제집을 푸는 것은 힘듭니다. 힘드니 피하고 싶지요). 오히려 문제 풀기가 자연스럽게 느껴진다면 학습에는 별로 도움이 되지 않습니다. 앞서 말한 대로 고통 없이 배울 수는 없기 때문입니다. 쉽고 재미있는 방법은 없습니다. 힘들지만 효과적인 방법이 있을 뿐이지요.

양궁 선수는 메달을 다투게 되는 경기장과 가장 흡사한 장소나 환경을 만들어 연습한다고 합니다. 바람, 습도, 온도, 관중의 열기, 아침인지 저녁인지 등도 고려하여 연습한다고 합니다. 즉 실제와 가장 흡사한 환경을 조성하는 것이 실제 경기에 도움을 준다는 겁니다. 그럼 시험은 어떨까요? 시험장과 가장 흡사한 장소와 환경에서 연습하는 것이 좋을까요? 전문가들은 시험 성적은 장소와는 별 상관이 없다고 말합니다. 오히려 보통의 시험에서 중요한 것은 시험 내용입니다. 즉 평소에 시험 문제와 가장 비슷한 유형의 문제를 풀어 보는 것이지요. 다행히 우리에겐 문제집에 있습니다. 아주 예전에는 문제집이 귀했다지만(저도 이야기로만 들었습니다), 지금은 문제집을 얼마든지 구할 수 있습니다. 그러니 풀기만 하면 됩니다. 공부 시간이 반이라면 문제 푸는 시간도 반이면 저는 좋다고 생각합니다. 예를 들어, 세 시간 공부했으면 시차를 두고 문제를 푸는 시간도 그만큼 할애합니다. 당일, 일주일 후 그리고 한 달 후. 이런 식으로 문제 푼 시간을 모두 합하면 거의 세 시간쯤 될 겁니다.

스트레스 피하는 법

시험은 거의 언제나 스트레스를 줍니다. 피할 수 없으면 즐기라는 말이 있지만, 그냥 하는 말이지요. 시험이 스트레스를 주는 이유는 다양할 겁니다. 우선은 평가가 싫은 것이지요. 점수가 나오면 보통은 꾸중을 듣거나 실망하거나 합니다. 공부를 잘해도 차이는 없습니다. 1등 못할까 봐 100점 못 받을까 봐 마음 졸이는 것이 보통이니까요. 그리고 시험 시간 자체도 싫습니다. 긴장 속에 몇 시간을 보내는 것이 유쾌할 리가 없고, 시험을 포기한 경우에는 더 지루합니다. 마땅히 할 일도 없이 시간을 때우려니 힘들고도 남겠지요. 하지만 좋은 점도 있습니다. 시험 보는 날은 일단 수업이 없고, 일찍 끝나는 것이 보통이므로 즐거운 점도 있습니다. 전체적으로 보아서는 역시 피하고 싶지요.

하지만 마음가짐을 조금 달리하면, 훨씬 나아질 수 있습니다. 우선 요행을 바라는 마음을 버려야 합니다. 60점 맞을 실력인데 80점을 바라면 마음고생을 하게 됩니다. 이런 고생은 쓸데없습니다. 자신의 실력 이상으로 점수를 받는다는 것은 사실상 불가능에 가깝습니다. 어쩌다 한번 일어날 수는 있겠지만 현실성은 없지요. 따라서 자신의 실력만큼, 공부한 만큼 성적을 올리는 것을 목표로 삼아야 합니다. 자신의 실력대로 점수를 받는 일도 쉽지 않습니다. 그리고 어쩌면 점수가 자신의 실력인지도 모릅니다(사실은 그렇습니다). 실력은 좋은데 시험은 못 본다는 말은 위로용일 뿐입니다. 시험 성적이 자신의 실력이라는 것을 받아들일 준비가 되어 있다면, 담대하게 그리고 잔잔하게 시험을 받아들일 수 있을 겁니다. 그래야 시험이 배움의 한 과정이 되는 겁니다. 〈아, 내 실력이 이거구나. 분발해야겠다!〉 혹은 〈아, 이런 말이었군, 이제 알겠다〉는 마음이 들겠지요. 시험을 가장 잘 활용하는 사람은 높은 성적을 받는 데 그친 사람이 아니라, 시험을 통해 자신의 학습을 넓히고 배우는 사람입니다. 시험도 학습의 한 과정이라고 받아들인다면, 훨씬 스트레스가 덜하겠지요.

168

시험 중간에 휴식 시간이 있습니다. 저는 쉬는 시간에 초콜릿을 먹곤 했습니다. 이 경험을 어디선가 말한 기억이 납니다. 맛 좋은 초콜릿을 먹으면 우선 마음이 편해졌습니다. 경험상 시험에 큰 도움이 되었는데, 지금 생각해 보니 초콜릿이 신체 회복에 도움을 주는 것 같습니다. 테니스 경기를 보니 선수가 쉬는 시간에 초콜릿을 먹더군요. 체력을 빨리 회복하기 위해서라는 해설을 들었습니다(선수에 따라서 미리 준비해 온 음료를 마시기도 하고 바나나를 먹기도 합니다). 시험은 에너지를 많이 소모하는 일입니다. 불편하게 앉아 있는 것은 물론 머리를 쉴 새 없이 써야 하기에 에너지 소모가 많을 수밖에 없습니다. 에너지 보충이 필요합니다. 요점은 시험을 보는 데는 지력뿐만 아니라 체력이 필요하며, 체력 회복을 위해 무엇인가를 해야만 한다는 겁니다.

쉬는 시간에 친구들과 잡담하는 사람도 꽤 많습니다. 아무래도 불안하기 때문이겠지요. 지난 시간에 푼 문제 중 궁금한 것을 물어보는 것이 보통인데, 시험에 전혀 도움이 되지 않습니다. 시험이 한 시간으로 끝난다면 아무 상관이 없겠지요. 쉬는 시간 자체가 없으니까요. 하지만 보통은 시험 사이에 쉬는 시간이 있습니다. 조용히 혼자 쉬면서 초콜릿을 먹는 게 낫습니다. 얘기해 봐야 지난 시험뿐인데 과거는 되돌릴 수 없으며 틀린 문제 확인해 봐야 속만 상할 뿐입니다. 그런 복기는 시험이 완전히 끝난 후에 하는 것이 더 효과적입니다. 끝난 시험을 떠올려 봐야 정신 사나워질 뿐입니다. 아쉽고 분통 터지고 머리에 열이 나서 다음 시간에 집중하기 어렵습니다. 차분히 머리를 이완 상태로 놓아야 시험 시간에 긴장 상태로 들어갈 때 뇌를 더 효과적으로 사용할 수 있습니다. 앞서 말한 대로 긴장과 이완을 왕복하는 것이 좋다는 겁니다. 쉬는 시간에 수다나 잡담을 하는 것은 뇌를 계속 긴장 상태에 놓는 것이기에 피해야 합니다.

아주 가끔은 인생이 걸린 시험을 보는 때가 있습니다. 입학, 수능, 입사, 진급, 자격증 등등. 중요한 시험일수록 긴장도가 높아지고 스트레스를 심하게 받기 마련입니다. 이런 시험들이 중요한 것은 맞지만, 준비하는 과정은 별 차이가 없습니다. 평소에 공부해야 하고, 시험 전날 잠을 충분히 자야 하고, 실력만큼 성적이 나오길 바라고, 쉬는 시간에 초콜릿을 먹으며 혼자 있고, 시험을 학습의 과정으로 여기는 겁니다. 따라서 평소 시험에서 습관을 들여 놔야 합니다. 평소에 시험 잘 보는 습관에 익숙하다면, 중요한 시험이라고 해서 특별히 준비할 것은 없습니다. 있다면, 그래도 운이 좀더 따라 주길 바라는 것이겠지요.

11 책 읽기의 기술

— 무엇을, 어떻게 읽을 것인가

책 읽기도 배움의 한 과정이라면, 앞의 공부 기술을 적용하는 것은 자연스럽습니다. 오히려 독서만의 비법이 따로 있다고 하면 이상할 겁니다. 물론 일반적인 공부법과는 다른 독서에서 강조되거나 차별화되는 방법도 있습니다. 어떤 점에서 차별화되는지 알아보기 전에 우선은 앞의 공부 기술과 공유하는 것부터 알아보겠습니다. 의외로 많이 있습니다만, 책 읽는 관점에서 소개하고자 합니다.

시차 두기

추리 소설을 한 권 읽는다고 해봅시다. 보통은 쭉 한 번 읽으면 끝입니다. 다시 읽을 이유가 딱히 없으니까요. 〈아, 그렇구나, 재미있네.〉 혹은 〈아, 범인이 바로 그 사람이라니, 놀랍네!〉 이럴 수도 있겠지요. 그렇다면 시간을 두고 다시 읽는 시차 두기가 소설을 읽는 데는 필요 없어 보이기도 합니다. 정말 그럴까요? 하지만 시야를 넓히면 얘기가 달라집니다. 즉 소설도 소설 나름이기 때문입니다.

가령 『돈키호테』를 읽는다면, 시차를 두고 몇 번이고 읽는 것이 바람직하고 또 그렇게 됩니다. 뛰어난 소설이기에 10대에 읽은 느낌과 30대의 소감 그리고 60대의 반응은 다를 수밖에 없습니다. 전에 읽었을 때는 몰랐던 것을 알게 되거나 못 느꼈던 감정을 경험하게 됩니다. 처음에는 돈키호테만 눈에 들어왔으나 다시 읽으면 산초가 더 중요한 인물이 아닐까 하는 생각이 들기도 하고, 돈키호테의 행동이 시대착오라고 여겼다가 나중에 다시 읽고 그것이 슬픔의 산물이라는 것을 느끼기도 합니다. 이런 경험은 시차를 두고 읽지 않으면 맛볼 수 없습니다.

시차 두기는 소설뿐만 아니라 시에도 적용됩니다. 저는 로버트 프로스트의 시를 시차를 두고 읽고 있습니다. 처음 만난 것은 고등학교 때였고, 다시 읽게 된 것은 대학에서였습니다. 처음에도 좋은 인상을 받았지만, 본격적으로 관심을 갖게 된 것은 몇 년밖에 되지 않았습니다. 어느 날 「아웃, 아웃―」이란 시가 갑자기 떠올랐고, 시차를 두고 자주 읽고 있습니다. 「눈 오는 저녁 숲가에 서서」의 경우에는 읽을 때마다 새로운 해석을 하게 되어 기쁩니다.

그런데 문제는 〈어떤 작품을 시차를 두고 읽을 것인가〉입니다. 물론 개인 취향의 문제이기는 하지만, 그래도 기준을 생각해 본다면 역시 〈수준〉이라고 생각합니다. 수준이 높은 작품일수록 생각할 거리가 새롭게 생기고 관점을 바꾸면 전혀 다른 풍경을 볼 수 있기 때문입니다. 즉 그런 책일수록 새롭다는 것이지요. 소설이든 시든 처음 읽으면 줄거리나 의미를 대충은 알 수 있기에 두 번째 읽을 때 그것으로는 새로움을 줄 수 없습니다. 다른 것이 있어야만 합니다. 그리고 두 번이나 세 번이 아니라 읽을 때마다 새로움이나 깊이를 주려면 또 다른 것이 있어야 하겠지요. 보통은 고전이라고 하는 작품이 이런 특징을 지닌다고 하는데(시중의 고전 목록을 무조건 받아들여야 하는 것은 물론 아닙니다), 고전 여부를 떠나 어쨌든 수준 있는 작품이어야 한다는 점은 변함이 없습니다.

그럼 수준 있는 작품은 어떻게 찾을 수 있을까요? 많이 읽으면 될까요? 아무리 많이 읽어도 거의 같은 수준의 책만 읽는다면 큰 도움이 안 됩니다. 평생 수준이 변하지 않기 때문입니다. 여기에서 수준이란 책의 수준이기도 하지만 읽는 사람의 수준이기도 하기 때문입니다. 즉 자신의 지적 수준을 높이지 않는다면, 시차 두기는 독서에서 의미가 없다는 겁니다. 시간이 지난다고 해서 자연히 지적 수준이 올라

가지는 않습니다. 더욱이 나이를 먹는다고 알게 되는 것도 아닙니다. 끊임없이 노력해 자신의 지적 수준을 끌어올리지 않으면, 시간이 지난 후 같은 책을 읽는다 해도 감흥이 별로 달라지지 않을 겁니다. 미적분을 못 하던 사람이 미적분을 공부하지 않는다면, 세월이 지나도 미적분을 하지는 못할 겁니다. 세월이 지나면 저절로 되는 것은 아마 노화 이외에는 없지 않을까요.

자신의 지적 수준을 끌어올리기 위해 부단히 노력해야 하지만, 그 노력은 생각보다 어렵습니다. 왜냐하면 지식의 전반적인 수준을 끌어올려야 하는데, 이것은 평생의 과제이기 때문입니다. 그리고 독서는 그리 만만한 일이 아니기 때문입니다. 많이 읽으라는 이야기를 듣습니다. 흔히 듣는 권유이지요. 여기서 〈많다〉는 것은 〈다양하게〉라는 의미입니다. 〈만화책만 읽어라, 많이 읽으면 된다〉 이런 뜻은 아니지요. 다양한 종류의 책을 많이 읽어 봐야 자신의 영역을 발견할 수 있기 때문입니다. 소설, 시, 자연과학, 역사, 지리학, 미술, 건축 등 여러 분야의 책을 읽는 과정이 필요합니다. 이런 다양한 분야의 독서는 전반적인 지적 수준을 높이는 데도 크게 도움이 됩니다. 이 문제는 뒤의 섞어서 읽기에서 좀더 자세히 다루겠습니다.

다양하게 많이 읽는다 해도 몰두하지 않으면 효과가 거

의 없습니다. 보통 독서 프로그램을 보면 다양한 책들을 읽힙니다. 영양소가 골고루 배합된 느낌이지요. 그리고 주기적으로 확인합니다. 읽은 책의 내용을 확인하기 위해 여러 가지 장치도 마련합니다. 물론 좋은 일입니다. 한 가지 아쉽다면, 몰두는 빠져 있다는 것이지요.

정말로 어떤 책에 빠져서 읽고 또 읽고 외울 정도로 몰두하는 책이 있어야 비로소 독서가 시작되는 것이고, 시차 두기도 시작됩니다. 노벨 문학상 수상자인 오에 겐자부로는 자신이 고등학교 때 미국문화원에 갔던 기억을 말합니다. 당시 그는 시골 학교에 다니고 있었고, 책이 귀한 시절이라 책을 접할 기회가 별로 없었는데 운 좋게 집 주변에 미국문화원이 있었습니다. 그곳에서 그는 원서로 된 마크 트웨인의 『허클베리 핀의 모험』을 보게 되었는데, 놀랍게도 원서를 술술 읽을 수 있었다고 합니다. 그는 그때까지만 해도 공부를 잘하는 학생이 아니었고 대학 진학에 뜻도 없었습니다. 그런 그가 어떻게 처음 본 원서를 쉽게 읽을 수 있었을까요? 그가 이미 일본어 번역본으로 그 소설을 외울 정도로 읽었기 때문입니다. 그는 그 소설에 빠져 있었기에 원서를 보자마자 읽을 수 있었던 겁니다. 머릿속에 소설 전체가 들어 있기에 머릿속 일본어가 원서 영어와 호응한 것이지요. 그는 실제로 고등학교 시절에 독서에 빠졌던 모양입니다.

그는 〈친구들은 수험 공부를 했는데 나는 오로지 마크 트웨인만 읽고 있었습니다〉라고 썼습니다. 심지어 〈책을 사서 돌아와 그대로 읽기 시작해 이튿날엔 학교도 쉬었습니다〉라고도 말했습니다. 정도가 심하지요? 하지만 이 정도쯤 되어야 몰두한다고 할 수 있지 않을까요.

자신이 몰두한 책의 존재는 중요합니다. 왜냐하면 그런 책은 마음속에 저장되어 있기에 시간이 흐른 뒤에 자신의 지적 상태를 비교하는 데 적합하기 때문입니다. 보통의 경우엔 시간이 한참 흐른 후 같은 책을 읽었을 때 무엇이 달라졌는가를 정확히 알아채는 것이 어렵고, 옛 기억을 되살려 20년 전의 상태를 찾아내는 것도 쉽지 않습니다. 하지만 몰두한 책이 있어 20년 전의 상태가 마음에 남아 있다면 즉시 비교가 될 겁니다. 특별히 애를 쓰지 않아도 즉각 알겠지요. 오에 겐자부로가 원서를 보자마자 즉시 읽을 수 있었던 것과 비슷할 겁니다. 따라서 시차 두기 책 읽기가 제대로 행해지려면, 몰두한 책이 있어야 합니다.

그런데 몰두한 책을 갖는 일은 어렵습니다. 아무리 책을 많이 읽고 오래 읽는다고 해서 몰두하는 책이 생기지는 않기 때문입니다. 몰두한다는 것은 능동태가 아니라 수동태입니다. 즉 자신도 모르게 그 책에 빨려 들어가야 몰두한다고 할 수 있는데, 그것이 의지나 노력만으로 되지는 않기 때문입니다. 마치 사랑에 빠지는 것과 같지요. 강요하거나 강박 혹은 노력만으로 사랑에 빠질 수는 없지 않습니까. 자신도 모르게 끌려야겠지요. 이럴 확률은 그리 높아 보이지 않습니다. 그럼 많은 사람은 그럴 기회를 얻지 못하게 되지 않을까요? 하지만 이것은 기우입니다. 열렬한 사랑만이 사랑이라고 주장하는 것과 같으니까요. 사랑에 여러 방식이 있듯이 독서에도 여러 방법이 있습니다.

몰두까지는 아니더라도 좋아하거나 관심을 두는 책이 생긴 것만으로도 독서를 시작할 수 있습니다. 〈아, 이 책 재밌네〉, 〈아, 그런 게 있었구나〉 하는 정도로 충분하다는 것이지요. 그러다 시간이 지난 후 그 책을 우연히 다시 만나게 되면 금방 과거로 돌아가 흥미를 되찾게 되겠지요. 그러고는 시차 두기 읽기가 이루어지기도 합니다. 저도 이런 경험을 한 적이 있습니다. 앞서 말한 프로스트의 시「아웃, 아웃—」을 우연히 셰익스피어를 다룬 책에서 발견했습니다. 저자는 맥베스가 아내의 죽음을 전해 듣고 자신의 심정을 나타내는 대사에서 프로스트가 시의 제목인 〈아웃, 아웃〉을 따왔다고 말합니다. 그러고는 맥베스의 그 대사를 인용하여 보여 줍니다. 읽어 보니 〈그렇구나!〉 하는 생각이 들었습니다. 저는 프로스트의 시도 알고 맥베스의 대사도 알고 프로스트가 대학에서 셰익스피어를 강의한 것도 알고 있었지만, 연결하지는 못했습니다. 이 사실을 알아차리는 순간 새로운 독서의 영역이 보였습니다. 〈알고 있는 것을 연결해 보자!〉 그렇게 〈새로운 것만 읽으려 하지 말고 아는 것을 연결하면 새로운 것이 생긴다〉는 사실을 새삼 깨달은 것이지요. 이것은 시차 두기와 직접적인 관련이 없을 수도 있을 겁니다. 그러나 일단 읽어 놓으면 시간이 흐른 후에 예기치 못한 일이 일어날 수 있다는 사례는 되겠지요.

앞서 단어 외우는 방법을 설명했습니다. 저는 최소한 일곱 번 정도 외워야 성공한다고도 했습니다. 단어 외우기는 시차 두기 방법의 대표적인 예 중 하나입니다. 예를 들어, 일곱 번 외운다고 하면, 그 자리에서 일곱 번을 연속으로 외우는 것은 전혀 효과가 없습니다. 시차를 두지 않았기에 한 번 외운 효과밖에 없습니다. 한 번 외우고, 다음 날 다시 한 번, 그리고 삼 일 후 또다시 한 번, 그리고 일주일 후 다른 문제집이나 책이나 시험 문제에서 보게 되고 다시 외우는 과정을 거칩니다. 처음에는 의도적으로 시차를 두고 외우고, 그다음에는 다른 환경에서 마주치게 되어 외우는 과정입니다.

요점은 시차를 두고 외워야 효과적이라는 겁니다. 그 이유는 우리가 한 번에 한 가지씩만 기억하기 때문으로 보입니다. 예를 들어, 영어 단어 shade를 외운다고 합시다. 처음에는 철자와 의미를 외우려 하겠지요. 하지만 잘 안 됩니다. 철자도 정확히 외워야 하고 그것의 뜻과 하나로 묶어야 하기에 시간이 걸립니다. 몇 번의 시도 끝에 철자와 의미를 외웠다 해도, 그것으로 끝나지 않습니다. 다른 지문에서 이 단어가 나왔을 때 뜻을 소환해 내야만 하기 때문입니다. 이 또한 쉽지 않습니다. 〈어디서 봤는데, 아마 그늘이란 뜻 아닌가〉 이런 정도지요. 따라서 다시 외우게 됩니다. 이것으로 끝이면 좋겠으나 그렇지 않습니다. 다른 곳에서 이 단어를 다시 만났으나 그늘이라는 뜻으로는 해석이 되지 않기 때문입니다. 그래서 다시 찾아봅니다. 그랬더니 〈미묘한 차이〉라는 뜻이 있네요. 외워야 합니다. 그럼 끝인가요? 아니겠지요. 관련된 숙어도 있을 터이고, 다른 의미들도 있을 테니까요. 시차를 두지 않으면 이 단어를 온전히 자신의 것으로 만들 수 없습니다. 사과나무를 심는다고 열흘 후에 사과가 열리지 않는 것과 비슷하다고 할까요. 한 번에 단어를 외울 수 없듯이 책도 한 번 읽어서는 온전히 읽었다고 할 수 없습니다.

『춘향전』을 예로 들어 보겠습니다. 어렸을 때 『춘향전』을 처음 볼 때는 줄거리, 등장인물을 먼저 파악했습니다. 이후 고등학교 때에는, 교과서에 실린 것 같은데 한글 원문으로 보아서 더 생생하게 느꼈습니다. 더 커서는 이 소설이 사실

책 읽기의 기술 **181**

은 체제에 순응하는 작품이라는 비평을 보고 처음으로 진지하게 읽게 되었고, 조선의 사회상과 역사적 배경을 알게 된 후에 이 작품을 다시 보았더니 변 사또는 억울한 면이 꽤 있다는 것을 알게 되었습니다. 또 춘향 어머니의 입장도 당대의 사정으로 보아서는 이해할 만했고, 이몽룡은 특별한 인물이 아니라는 것도 알게 되었습니다. 몇십 년 동안 여러 번에 걸쳐 제 생각과 느낌은 변했습니다. 단순한 옛날이야기에서 시대를 읽을 수 있는 소설로 변한 것이지요. 이런 변화는 저에게 즐거움이었습니다. 같은 작품이 세월에 따라 전혀 다르게 읽힌다는 것 자체가 재미있고 한편으로는 흐뭇한 경험이었으니까요. 이런 일은 시차 두기가 아니라면 일어나기 어렵겠지요.

중국인 작가 린위탕의 『생활의 발견』은 제가 좋아하는 작품으로 고등학교 때 처음 읽은 후 지금까지 옆에 두고 읽고 있습니다. 물론 매일 읽는 것은 아니고 몇 년에 한 번씩 시차를 두고 읽습니다. 그런데 이 책은 『춘향전』과는 달리 제 관점이 변해 온 대상은 아닙니다. 이 책의 내용을 시간이 지남에 따라 하나씩 이해해 가고 있다는 표현이 맞을 것 같습니다. 처음에는 유머가 있는 따뜻한 책이라는 생각이었는데, 차츰 동양 특히 중국의 서양에 대한 대응이라는 생각이 들기 시작했고, 다음에는 인생이란 산다는 것 자체가 가장 중요하다는 의미로 이해하게 되었습니다. 어떻게 인생을 살아야 하느냐보다는 살아가는 일 자체가 실은 제일 중요하고 의미 있다는 뜻으로요.

처음 읽었을 때 이 책의 제목은 〈생활의 발견〉 혹은 〈생활의 지혜〉였습니다. 하지만 본래 제목이 〈삶의 중요성The Importance of Living〉이라는 것은 후에 알았습니다. 그리고 제목의 의미를 알게 된 것은 더 나중 일입니다. 후에 원서를 읽게 되어 조금 설렜습니다. 요즘 이 책에서 본 것이 생각납니다. 저자는 서양의 인사법을 말하면서, 〈그들은 상대의 손을 잡는다. 하지만 위생적이지 않다. 모르는 사람의 손을 잡는 것은 서양인이 강조하는 위생과 맞지 않는다〉는 겁니다. 이에 반해 〈중국인은 자기 손을 잡고 인사한다. 더 위생적이지 않은가〉라고 말합니다.

오에 겐자부로는 책에 빠지면 다음 날 학교에 안 갔다고 했는데, 저는 책에 빠졌어도 학교는 갔습니다. 가서 수업 시간에도 계속 읽었습니다. 처음에는 제지당했지만, 나중에는 아예 방치되어 자유를 얻은 기억이 납니다. 지금도 그때 읽었던 『아라비안 나이트』를 시차를 두고 읽고 있습니다. 시간이 흐를수록 더 재미있군요. 학창 시절 읽은 똑같은 책에서 새로운 것을 발견하고, 옛 기억을 떠올리는 것 역시 시차 두기 독서만의 매력입니다.

섞어서 읽기

어느 연극배우가 요즘 읽을 책이 없다는 말을 하는 것을 들은 적이 있습니다. 중견 배우로 실력이 출중하다고 알려졌는데 독서도 열심히 한다고 합니다. 그런데 읽을 책이 없다는 것이 무슨 말일까요? 더 들어 보니 연극에 관한 책은 이제 읽을 것이 없다는 뜻이었습니다. 꽤 오랜 시간 자신의 영역인 연극에 관한 책을 빠짐없이 읽다 보니 웬만한 것은 다 읽어서 새로운 자극이 필요하다는 의미였습니다.

이런 경우는 꽤 많습니다. 보험에 종사하는 사람은 보험에 관한 책을 주로 읽고, 정치 하는 사람은 정치에 관련된 책을 주로 읽는 것이지요. 전혀 이상하지 않지만, 좋은 독서는 아닙니다. 왜냐하면 여러 분야를 섞어서 읽어야 더 효과적이기 때문입니다. 앞에서 학습할 때는 섞어서 하기가 효과적이라고 말한 바 있습니다. 즉 한 과목만 하면 학습 효과가 떨어지므로 다른 과목과 번갈아 혹은 섞어서 하는 것이 효과적이며, 한 과목을 하더라도 다른 방식으로 번갈아 하는 것이 효과적이라고 말했습니다. 서로 다른 네 문제를 푸는 것이 똑같은 유형의 열 문제를 푸는 것보다 더 효과적이며, 한 문제에 국한해도 서로 다른 방식으로 접근하는 것이 좋다고도 했습니다.

독서도 마찬가지입니다. 한 분야만 집중적으로 읽는 것도 물론 필요하지만, 보통은 관련 없어 보이는 분야를 섞어서 다양하게 읽는 것이 오히려 자신의 전문 분야 독서를 수행하는 데 이롭습니다. 즉 다른 분야를 접해 봐야 뇌가 자극되어 활성화되고 새로운 것을 볼 수 있으며, 서로 비교해 봄으로써 자신의 분야를 더 잘 이해할 수 있게 됩니다. 예를 들어, 연극배우의 경우 과학책을 읽는 것이 도움이 될 수 있습니다. 물론 화학 이야기를 읽는다고 당장 무슨 도움이 되겠습니까(원자나 분자의 구조, 그것들의 결합 그리고 화학이 그려 내는 세계의 모습 등이 당장 연기하는 데 도움이 된다면 오히려 이상하겠지요). 하지만 일단 읽어 둔다면 장기적으로는 큰 도움이 될 겁니다. 왜냐하면 관련 없어 보이는 책을 꾸준히 읽으면 자신의 지적 수준도 높아지기 때문입니다. 앞의 시차 두고 읽기에서 시차 두기가 성공을 거두려면 자신의 지적 수준이 향상되어야 한다고 말했습니다. 하지만 구체적인 방법을 제시하지는 않았는데, 바로 관련 없어 보이는 다른 여러 분야의 책을 꾸준히 읽는 것이 한 방법입니다. 인간의 뇌는 자극을 통해 활성화되고 그 자극이 일생 동안 지속해야 전체적으로 발달한다고 합니다. 따라서 여러 분야의 책을 다양하게 읽는 것이야말로 지적 수준을 높이는 지름길입니다.

노벨 문학상 수상 작가인 사무엘 베케트는 좀처럼 인터뷰를 하지 않았습니다. 그는 노벨상을 받고서도 대중의 시선에서 사라진 사람입니다. 유명해지는 것을 극도로 싫어했습니다. 그런 그가 1961년 인터뷰를 했는데, 이런 질문을 받습니다. 〈요즘 철학자들이 당신 생각에 영향을 주었습니까?〉 이에 대해 그는 〈나는 철학책을 읽지 않습니다〉라고 답하면서 그 이유로 〈철학자가 쓴 것을 전혀 이해하지 못한다〉라고 설명합니다. 그러고는 자신은 어떤 생각도 갖고 있지 않으며, 지식인이 전혀 아니라고 합니다. 자신이 느낀 대로 쓸 뿐이라고요. 조금은 이상한 이야기지요. 왜냐하면 그는 박학다식 즉 모르는 게 없는 인물로 유명했기 때문입니다. 그는 이탈리아 문학을 대학에서 강의할 정도였고, 아일랜드 태생으로 영어가 모국어이지만 프랑스어로 작품을 발표했기 때문입니다. 그런 그가 철학책을 읽지 않는다고 누가 생각하겠습니다. 이런 반응은 아마도 그의 삐딱함에서 나왔을 겁니다.

그런 베케트의 진짜 모습은 무엇일까요? 아마도 그의 서재를 조사해 보면 답이 나오겠고, 그의 서재에서 당대 지식인의 책 읽기의 요체를 엿볼 수도 있을 겁니다. 도대체 그는 무슨 책을 읽었을까요? 그의 서재를 조사한 한 책은 대략 열 가지로 그의 책을 분류했습니다. 영국 문학, 프랑스 문학, 독일 문학, 이탈리아 문학, 고전과 여타 문학, 철학, 종교, 사전과 참고서, 과학, 그리고 음악과 예술 등입니다. 아무래도 문학가이니 문학이 반을 차지하고 있고, 나머지는 다른 분야입니다. 좀 더 자세히 살펴보면, 영국 문학에서는 셰익스피어, 조너선 스위프트, 오스카 와일드, 예이츠, 그리고 허먼 멜빌 정도가 제가 아는 이름이고 모르는 작가가 많이 나옵니다. 다른 분야도 마찬가지입니다. 아는 이름 몇 개만 소개하면 프랑스 문학에서는 몽테뉴, 몰리에르, 스탕달, 플로베르, 프루스트 정도이고, 독일 문학에서는 괴테, 릴케, 카프카입니다. 이탈리아 문학에서는 단테뿐이군요. 고전과 여타 문학에서는 호메로스, 버질, 도스토옙스키, 체호프 정도입니다. 그럼 철학은 좀 나을까요? 아비세나, 데카르트, 버클리, 칸트, 쇼펜하우어, 니체, 비트겐슈타인, 사르트르 등이 보이는데, 좀 낫군요. 하지만 생소한 철학자도 상당수 있습니다.

　이런 그가 인터뷰에서 철학을 읽지 않는다고, 이해하지 못한다고 하다니 꽤 삐뚤어진 사람으로 보입니다. 아니면 귀찮아서였을까요. 종교는 성경에 집중되어 있습니다. 독일어, 프랑스어, 이탈리아어 판이 등장합니다. 사전과 참고서에서는 백과사전, 영어 사전, 어원사전, 영어 문법, 프랑스어 사전, 독일어 사전, 스페인/포르투갈 사전, 인용 사전 등이 있습니다(참고로 사전 분야는 뒤에서 별도로 다룰 겁니다). 과학에서는 다원이 보이고 물리학이나 천문학 그리고 심리학 분야의 책 등이 있습니다. 음악과 예술을 보자면, 베토벤, 슈베르트, 쇤베르크 등이 있고 시각 예술도 있습니다. 할 말을 잃을 정도로 다양할 뿐만 아니라 깊이도 느껴지는 독서입니다.

저는 베케트의 서재가 섞어서 읽기의 좋은 예라고 생각합니다. 그는 〈자신은 생각이라는 것을 조금도 갖고 있지 않다, 느끼는 것을 쓸 뿐〉이라고 했지만, 많은 독서, 다양한 독서 그리고 독서량을 자신의 것으로 만드는 능력 등이 합쳐져 단단한 내공을 만들어 낸 것으로 보입니다. 즉 너무 많은 생각과 너무 많은 독서를 무(無)로 돌릴 정도로 높은 경지로 간 것이 아닐까요. 생각이 모두 깊이 스며들어 자신의 온몸으로 퍼졌기에 이제는 생각으로 불리지 않게 된 것이 아닐까 합니다. 이때가 바로 쓰기 시작할 때입니다.

오에 겐자부로는 조금 다른 유형의 섞어서 읽기를 보여줍니다. 그는 독서가로 유명합니다. 읽는 것을 주제로 글을 꽤 많이 썼을 정도이니까요. 그는 독특한 원칙을 갖고 있는데, 그것은 사람이나 주제를 정해서 3년 동안 집중적으로 읽고, 다음 3년은 주제나 사람을 바꿔 또 그렇게 하는 겁니다. 이렇게 수십 년을 해왔으니 길게 보면 섞어서 읽기가 되는 것이지요. 그는 〈저는 단테의 『신곡』을 이탈리아어로 읽은 게 아니라 번역서로 읽기 시작했습니다. 그렇게 마흔여덟부터 마흔아홉, 쉰 살이 될 때까지 3년 동안 오로지 『신곡』만 읽었죠. 그러고는 쉰한 살부터 장편소설 하나를 쓰기 시작했어요. 『그리운 시절로 띄우는 편지』라는 책입니다〉라고 말합니다. 즉 3년 동안 오로지 한 작품만 읽었다는 것이지요. 그리고 그 결과는 작품으로 이어진 모양입니다.

그가 이런 원칙을 만든 것은 대학 때 스승의 충고 때문입니다. 그의 평생의 스승은 도쿄대 와타나베 가즈오인데 프랑스 문학 연구자입니다. 오에가 고등학교 때 없는 돈으로 고르고 골라 산 책이 가즈오의 저서인데, 스승과의 만남은 이 책에서 시작합니다. 그의 문고본을 읽고 감명받은 그는 이 책의 저자에게 배우고 싶은 일념으로 재수하여 도쿄대에 입학했고, 그의 제자가 됩니다. 대학 진학에 관심 없던 그가 인생을 바꾼 것이지요. 오에는 대학원으로 진학하여 공부를 계속하고 싶었지만, 스승은 그가 공부에는 소질이 없다고 판단했는지 소설을 쓰라고 권하면서 앞에 나온 3년 주기 읽기를 권합니다. 제자는 그것을 실천에 옮긴 셈이지요. 시간이 한참 흐른 후에 3년을 1년으로 바꾸었다고 오에는 말했습니다.

베케트처럼 다양하게 섞어서 여러 가지를 함께 읽어 가

는 방식이나 오에처럼 한 사람이나 주제에 집중하여 몇 년이고 읽고 다시 시작하는 방식이나 모두 섞어서 하기에 해당합니다. 저는 이런 방식을 실천하면 의외로 상당한 성과를 거둘 수 있다고 생각합니다. 단순히 책을 많이 읽는 것이 아니라 여러 분야를 꾸준히 읽는 것이 중요하다는 것이지요. 저 역시 나름 다양하게 읽으려 합니다. 물론 앞의 두 사람과는 비교할 수 없습니다. 철학책을 조금 읽고 추리 소설, 물리학, 생물학, 심리학, 중국 역사, 일본 역사, 경제학, 각종 미술책 그리고 시사주간지 정도입니다. 오에처럼 몇 년 몰아 보기는 해본 적이 없습니다. 아, 소설이나 희곡도 읽고 있군요. 카프카, 조지 오웰, 셰익스피어, 프로스트, 단테, 카뮈, 아쿠타가와 류노스케, 베케트 등도 읽고 있습니다. 이것저것 읽고는 있습니다만, 오에처럼 전문적이지도 않고 베케트처럼 꼼꼼하지도 않은 얼치기 독서입니다.

앞서 지적 수준을 높이기 위해 섞어서 읽기를 하는 것이 좋다고 말했습니다. 그런데 사람들이 흔히 빠뜨리는 것이 하나 있습니다. 지적 수준을 높이거나 교양을 쌓기 위해 독서가 필요하다고 말하면서, 학교 수업을 언급하지 않는다는 겁니다. 즉 학교 수업과 독서를 별개로 여기거나 독서를 학교 수업의 보조 수단 정도로 여긴다는 것이지요. 하지만 독서보다 더 중요한 것은 바로 학교 수업입니다. 지적 수준을 높이려면 학교 수업이 먼저입니다. 그 이유는 학교 수업이 이 시대의 상식이 무엇인지를 알려 주기 때문입니다.

지식이란 상식을 바탕으로 이루어지는 겁니다. 다른 사람이 무엇을 알고 있는지 무엇을 상식으로 여기고 있는지를 알아야 새로운 것이 무엇인지 알 수 있기 때문입니다. 고등학교 때 친구가 이런 말을 했습니다. 한동안 인생에 대해 고민했는데 윤리 교과서에 자신이 고민하던 바가 나와 있더라고. 벌써 옛날 선인들이 다 고민했고 정리까지 되어 있었다는 것이지요. 또 이런 이야기도 들은 적 있습니다. 일본에서 집안 형편이 어려워 초등학교만 졸업한 사람이 혼자 힘으로 2차 방정식의 해법을 알아냈다고 합니다. 그는 스스로 대견하다고 생각했을지 몰라도 이 해법은 중학교 교과서에 이미 다 나와 있지요. 학교 교육에 대해 회의적인 사람도 간혹 있습니다만, 학교 교육은 일종의 표준으로서 그 시대의 상식, 최소한 지식을 전달하는 것으로 아주 중요합니다. 출발선이 어디인지 알아야 제대로 출발할 수 있는 것과 비슷합니다.

학교 다닐 때는 세계 지리는 뭐 하러 배우나 의심했습니다. 미국 오대호 연안이나 우크라이나의 밀 재배 같은 것이 제가 살아가는 삶과 무슨 상관이 있을까 하는 의구심 때문이었지요. 혹시 그 지역을 여행하게 되면 그때 안내 책자를

사 보면 될 터인데, 굳이 생소한 내용을 그것도 엄청난 양을 외워야 한다는 게 이해가 되지 않았습니다. 하지만 살아 보니 나 도움이 된다는 것을 알게 되있습니다. 여행을 가도 이미 알고 있으면 아무래도 더 깊이 알아보게 됩니다. 처음 아는 것과는 질이 다르죠. 그 지역의 역사도 마찬가지입니다. 오래전에 공부해 두면 뇌가 알아서 더 진전을 시켜 놓습니다. 일단 입력해 두면 후에 잘 활용할 수 있다는 겁니다. 가이드의 설명을 들어도 학교 때 들었던 것이 있으면 신기하게도 연결이 됩니다. 그리고 다른 것들도 같이 떠오르죠.

제가 오래전에 샌프란시스코에 간 적이 있습니다. 날씨가 참 쾌적했는데 지중해성 기후라고 하더군요. 그때 세계 지리에서 배운 내용이 생각났습니다. 로마, 남아공의 케이프타운, 호주의 시드니 등이 지중해성 기후라는 사실이. 샌프란시스코가 새롭게 보였습니다. 학교 다닐 때 배워 두면 언젠가 써먹을 수 있습니다. 언제 어디서 어느 경우에 써먹게 될지는 몰라도 일단 배운 것은 언젠가는 써먹습니다.

그림이나 음악에 관심을 두게 되면, 처음에는 어떤 그림이나 음악을 들어야 할지 난감합니다. 인터넷을 통해 정보를 얻을 수도 있으나, 역시 학창 시절에 교과서에 등장했던 화가나 음악가라면 안전할 겁니다. 문학 작품도 마찬가지입니다. 교과서에서 보거나 학교에서 들어 본 작가나 작품이라면 거기에서 시작하는 것이 역시 안전하겠지요. 이런 것은 사소해 보일 수도 있지만, 사실은 사소하지 않은 도움이고 근거입니다. 사람들은 이런 작가나 작품을 좋아하고 인정해 왔다는 것을 알게 됩니다. 교과서는 지적 수준 향상의 출발점입니다.

학교 공부와 책 읽기를 대비시키는 경우는 흔합니다. 공부에 방해되니 책 읽기를 삼가라는 것이지요. 방학 때는 권장도서 목록을 나누어 주지만, 그것은 어디까지나 수업에 방해되지 않을 정도로 읽거나 아니면 시험에 직접 관련된 책만 읽으라는 주문입니다. 심지어 요약본을 권하는 예도 있습니다. 오에 겐자부로처럼 학교도 안 가고 책을 읽는다면 부모님부터 가만있지는 않겠지요(물론 시험을 무시하고 독서에 빠질 정도라면 차라리 낫습니다. 갈 길이 분명하니까요). 하지만 학교 공부와 책 읽기에 접점이 없지는 않습니다. 수업이 책 읽기의 바탕이 되므로 학교 수업을 열심히 듣고 책을 읽으면 됩니다. 꾸준히 다양하게 섞어서 읽으면 후에 놀라운 성과를 낼 수 있습니다.

어려운 책도 읽어라

책을 꾸준히 많이 읽는데 별로 발전이 없는 사람이 간

혹 있습니다. 열심히 읽는데 어쩐지 그 자리에 머무는 느낌이 든다는 것이지요. 물론 다양하게 읽지 않는 것도 원인일 수 있습니다. 한 분야만 읽으면 시야가 좁아지고 뭔가 막힌 기분이 들기 마련이니까요. 이것은 앞에서 말했습니다. 제가 보기에 다른 원인도 있는데, 그것은 자기 수준에 맞는 책만 읽을 뿐, 어려운 책을 기피하기 때문이기도 합니다. 물론 이해가 가는 면도 있습니다. 사는 것도 힘든데 책까지 읽기 힘든 책을 봐야 하느냐는 거지요. 그러나 지적 수준을 높이고 싶다면 싫어도 어려운 책을 읽어야만 합니다. 항상 수준이 비슷한 팀하고만 축구를 하면 좀처럼 실력이 늘지 않습니다. 전국 대회에 나가 1회전부터 강팀과 시합해야 자신도 모르게 실력이 느는 것과 비슷합니다. 산속에서 만날 하수랑 바둑을 두면 자신이 최고인 줄 착각합니다. 속세에 나오면 바로 자신의 위치를 알게 되지요.

도스토옙스키를 처음 읽은 것은 고등학교 때였는데, 너무 어려웠습니다. 러시아 소설이어서인지 등장인물 이름이 생소하기도 하고 너무 길어서 눈에 들어오지 않았습니다. 주제도 신과 관련되어 심각하고 깊이가 있어 보였습니다. 그리고 인물들이 한번 말을 시작하면 왜 그리 긴지 따라가기도 벅찼습니다. 그리하여 겨우 읽은 소설이『가난한 사람들』과『죄와 벌』정도였습니다. 후에『카라마조프가의 형제

들』에 다시 도전했으나 실패하고 말았습니다. 여전히 어렵더군요(다시 도전할 예정입니다). 이런 어려운 소설이라 해도 시도 자체를 하지 않으면 발전이 없습니다. 시작할 때가 가장 어렵지요. 새로운 세계로 들어가야 하는 일이기도 하고, 아직은 지적 수준이 못 미치기 때문입니다. 그래도 참고 읽어야 합니다. 모르는 단어가 나오면 찾아야 하고, 시대 배경도 모르면 당연히 조사해야 합니다. 재미없고 힘든 과정이지요. 하지만 앞서 말했지만 재미있고 쉬운 방법은 배움에는 없습니다. 참고 견디면서 일단 끝까지 읽어야 합니다.

입문서를 열심히 읽는 사람이 있습니다. 물론 좋은 일입니다. 하지만 계속 입문서만 읽는다면 문제가 생길 수 있습니다. 가령 〈고고학 이야기〉라는 제목의 고고학 입문서를 읽는다고 합시다. 처음 고고학을 접하는 독자라면 당연히 이런 수준의 책을 집는 것이 순서입니다. 처음부터 전문 논문을 읽는 것이 더 이상하지요. 그런데 입문서를 두세 권 읽고 나서 다음 단계로 옮겨가지 않는다면, 사실은 두세 권을 읽어도 그 내용을 제대로 파악하기 어렵습니다. 그 수준이나 높이에서는 전체가 보이지 않기 때문입니다. 개미가 아무리 마당을 열심히 훑고 다녀도 위에서 보지 않는다면 마당의 모습을 제대로 볼 수 없는 것과 같습니다. 즉 마당이 평면 2차원이라면, 그 위는 3차원이지요. 3차원에서는 2차원이 훤히 보여도 같은 차원에서는 같은 차원이 잘 보이지 않습니다. 따라서 입문서 두세 권을 끝낸 후에는 보다 전문적인 글을 읽어야 합니다. 물론 어렵습니다. 한 단계를 높이는 것은 자연스러운 일이 아니기 때문입니다.

수학에서 새 학년이 되면 갑자기 어려워집니다. 학년이 올라갔다고 새로운 문제가 저절로 풀리지 않습니다. 마찬가지로 책 읽기에서 단계를 높이는 일은 큰 노력이 필요합니다. 하지만 단계를 높이지 않고 그 수준에 머물면 입문서 내용도 잘 파악할 수 없습니다. 어려운 책을 읽고 시차를 두고 나중에 다시 입문서를 읽는다면, 이번엔 내용의 이면까지 이해하게 될 겁니다.

책 고르는 법

수많은 책 속에서 자신에게 맞는 책을 고르는 방법은 경험입니다. 즉 많이 골라 보는 수밖에 없습니다. 특별한 비법이나 요령이 있는 것이 아니라 각자 자신에게 맞는 방법을 알아내는 수밖에 없는데, 이것은 직접 해보지 않으면 알 수 없기 때문입니다. 〈고전을 읽어라〉, 〈우선 권장도서를 읽는 것이 좋다〉, 〈이런 책은 꼭 읽어야 한다〉, 〈신문에 소개된 이 주의 신간을 봐라〉 등 많은 충고나 권유가 있습니다. 하지만 이런 것은 참고일 뿐 결국 스스로 터득해야 합니다. 여기에서는 제가 써온 방법을 말해 보겠습니다. 혹시 도움이 될지도 모르니까요.

제가 본격적으로 책과 마주하게 된 것은 고등학교 1학년 때였습니다. 중학교까지는 가끔 책을 읽은 적은 있었지만 역시 학교 공부에 바빠서 책에 집중하기는 어려웠습니다. 고등학교 입시도 있던 때라 마음 편하게 책 읽기는 아무래도 어려웠지요. 고등학교 입학으로 한숨 돌린 후에야 조금 여유가 있었습니다. 마침 그 학교 도서관은 개가식이어서 마음대로 책을 뽑아 그 자리에서 읽을 수 있었습니다. 저는 여름방학 내내 도서관에서 살다시피 하면서 마음껏 책을 뽑아 읽었습니다. 재미가 있었지요. 그 후로 책에 빠지게 되어 세계 문학부터 철학, 과학, 예술, 역사 등 온갖 분야의 책을 읽기 시작하여 지금에 이르렀습니다. 그러니 제 독서 입문은 고등학교 도서관인 셈입니다. 어떤 사람은 친구 집에 놀러 갔다 우연히 눈에 띈 책을 계기로 독서 세계에 발을 딛기도 하고, 또 어떤 사람은 선물로 받은 책으로 입문하기도 합니다. 물론 서점에서 우연히 발견한 책으로 입문한 사람도 있고, 선생님의 추천이 계기가 된 사람도 있습니다. 그 계기야 사람에 따라 다르겠지만 계속 읽다 보면 자신만의 책 선정 기준이 생기기 마련입니다.

제 경우엔 출판사와 저자가 책 구입의 기준입니다. 오래 독서 경험이 쌓이다 보면 마음에 들거나 믿을 수 있는 출판사가 생기게 마련입니다. 지는 치음에는 출판사는 전혀 신경 쓰지 않았습니다. 어떤 출판사가 있는지도 몰랐으니까요. 그저 좋아하는 주제나 읽고 싶은 이야기가 있으면 그것에 맞는 책을 샀을 뿐이지요. 그런데 시간이 지나다 보니 〈아, 이 책은 잘 만들었다〉 하는 생각이 드는 책이 눈에 들어오기 시작했습니다. 〈종이도 좋고, 활자도 마음에 들고, 꼼꼼하다〉 이런 인상이 들면서 그 출판사에서 나온 책은 일단 믿고 보게 됐습니다. 그리하여 같은 주제로 여러 출판사에서 책이 나왔다든가 외국 소설을 여러 출판사에서 번역 출판하였다든가 하면 그 출판사의 것을 구입합니다. 게다가 별 흥미를 갖고 있지 않은 주제이지만, 그 출판사에서 나왔다면 흥미를 갖고 우호적으로 봅니다. 즉 그 출판사의 고정 팬이 된 것이지요. 제 경우엔 창비, 민음사, 문학동네, 열린책들이 그렇습니다.

외국의 출판사의 경우, 미술책의 경우는 테임즈 & 허드슨 출판사를 믿는 편입니다. 이 출판사에서 나온 미술책이라면, 일단 눈길을 줍니다. 그리고 마음에 든다면 별 고민 없이 삽니다. 그동안의 경험으로 믿을 만하다고 여기는 것이지요. 그리고 케임브리지 대학 출판부와 옥스퍼드 대학 출판부 책도 신뢰하고 있습니다. 케임브리지 대학의 경우엔 제가 좋아하는 사무엘 베케트의 방대한 편지를 4권으로 내줘서 고맙게 생각하고 있습니다. 옥스퍼드의 경우엔 거의 모든 책이 좋습니다. 그리고 로버트 프로스트의 편지를 출간한 하버드 대학 출판부의 벨크냅 출판도 좋아합니다. 특히 이 출판사 책은 항상 종이 질이 좋다고 생각하고 있습니다. 하나 더 말씀드리자면, 일본 쇼가쿠칸(小学館)은 일본 미술 전집과 중국 미술 전집으로 호감을 느끼고 있습니다. 이렇게 별 쓸모없는 사실을 말씀드리는 이유는 이미 짐작하셨겠지만, 출판사 문제는 전적으로 개인적이라는 겁니다. 자신의 마음에 드는 출판사면 그것으로 끝이지요. 다른 사람의 취향은 참고용일 뿐입니다. 하지만 책을 고르는 기준 중 하나가 출판사가 될 수 있다는 사실은 아마도 대다수 독자들에게도 해당할 겁니다.

저자도 마찬가지입니다. 제가 좋아하는 작가로 제임스 샤피로라는 사람이 있습니다. 셰익스피어 전문가인데, 〈누가 셰익스피어를 썼는가?〉 하는 주제로 쓴 그의 책을 읽은 후로 팬이 되었습니다. 그리하여 그가 쓴 책은 거의 다 읽는 편입니다. 그런데 이 작가는 책을 낼 때마다 출판사가 바뀌었습니다. 사정은 알지 못하나 저는 아무 상관하지 않습니다. 그 작가라면 어느 곳에서 내든 자기 수준을 유지할 것이라고 생각하기 때문입니다.

물론 옛날 저자가 낸 책은 여러 출판사에서 나옵니다. 유명한 소설이 좋은 예이지요. 그런 경우라면 이왕이면 믿는 출판사 것을 선택하게 됩니다. 작가를 좇아서 책을 고르는 것이 조금 위험할 때도 있기는 합니다. 특히 추리 소설의 경우 좋아하는 작가가 몇 있기는 하지만, 무조건 작가 이름만 보지는 않습니다. 조금 더 신중을 기합니다. 추리 소설은 한 번 읽으면 그만인 경우가 많기 때문입니다. 그래서 저는 한 1년쯤 지나서 반응을 보고 결정합니다. 상을 받았다든가 베스트셀러가 되었다면 안심하고 읽어도 됩니다.

주제에 따라 책을 고르는 방법은 말할 필요가 없습니다. 자신이 관심을 둔 주제나 분야의 책을 고를 때에는 선택지가 많지 않습니다. 특정한 주제면 더욱더 선택의 폭이 좁습니다. 이유는 책이나 논문이 그리 많지 않기 때문입니다. 그럴 때 저는 다시 출판사를 봅니다. 출판사는 자신이 발간하는 책의 일정 수준을 보장하기 때문입니다. 그리고 필자도 봅니다. 믿을 만한 필자가 포함된 경우라면 안심할 수 있습니다. 물론 새로운 분야라면 과감하게 읽어 보는 수밖에는 없겠지요. 주제에 따라 읽을 때에도 출판사와 저자라는 기준을 벗어나기는 어려워 보입니다.

저는 서평을 그다지 참고하지 않고 있습니다. 우리나라 서평은 너무 빨리 나와서 믿음이 가지 않기 때문입니다. 책

한 권을 읽으려면 적어도 두 주 정도는 걸릴 겁니다. 어찌됐든 생각을 정리하고 평을 쓰려면 다시 일주일은 걸릴 것 같은데, 우리나라는 서평이 바로바로 나오는 느낌입니다. 저 같은 경우는 영국의 시사주간지 『이코노미스트』의 서평은 가끔 봅니다. 몇 달 전 책이 주로 소개되니까 일단 믿음이 가고, 좋은 평을 받은 책을 사서 보니 실제로 좋았던 적이 꽤 있기 때문입니다. 그리고 책 전문가가 추천하는 책은 되도록 읽고 있습니다. 제가 관심이 없는 분야라든가 혹은 전혀 모르는 주제라 해도(예를 들어 이슬람) 일단 읽고 있습니다. 의외로 재미있고 도움이 됩니다.

책 구입하는 법

책도 물건이기에 현품을 직접 보고 사는 것이 가장 안전합니다. 아무리 인터넷 구매가 일반화됐다 해도, 역시 물건이라면 눈으로 봐야 잘 판단할 수 있기 때문입니다. 옷도 입어 봐야 자신에게 맞는지 가장 잘 알 수 있듯이 책도 보고 만져 봐야 판단하기에 편합니다. 하지만 세상은 변했습니다. 작은 서점이 사라지고 있어 직접 책을 볼 기회가 줄어드는 것이 현실입니다. 그렇다면 어디에서 책을 직접 볼 수 있을까요? 누구나 알고 있듯이 대형 서점과 도서관입니다. 요즘에는 대형 서점에 가서 책을 보고 인터넷으로 주문하는 사람도 많고, 도서관에서 일단 책을 빌려 보고 아주 마음에 들면 사는 사람도 많이 있습니다. 저도 이런 방식에 동의합니다. 많은 책을 가장 쉽게 볼 수 있는 곳이니까요. 하지만 요즘 대형 서점도 공간 문제로 진열이나 보유에서 한계를 보입니다. 즉 원하는 책을 직접 볼 수 없는 경우가 많이 있다는 겁니다. 그렇다면 도서관에 가야 하는데 신간을 모두 즉각 구비하는 것은 아니라서 이 또한 도움이 되지 않습니다. 그렇다면 어떻게 해야 할까요?

기본적으로 책을 직접 보고 구입한다는 것을 원칙으로 삼되 여의치 못할 때는, 출판사와 저자를 보는 것이 역시 안전합니다. 그런데 문제는 앞에서 말했지만 오랜 경험이 있어야 한다는 겁니다. 단기간에 이런 판단이 생기지 않기 때문입니다. 믿음이 생겨야 하는데 믿음은 수동태이기에 반드시 시간이 걸립니다. 처음 본 사람을 무턱대고 믿지는 않지 않습니까. 시간을 두고 여러 일을 겪다 보니 자신도 모르게 믿게 되는 것이 보통입니다. 출판사나 저자도 마찬가지입니다. 따라서 고민하지 말고 일단 경험하는 것이 중요합니다. 해보지도 않고 말이나 이론으로 될 일이 아니지요.

그럼 책은 반드시 사야 할까요, 아니면 빌려 읽는 것으로 충분할까요? 저는 주로 사는 편입니다. 책을 좋아하기도 하고 책에 끼적거리는 것을 즐기기 때문입니다. 그리고 전문서를 많이 사는 편이라 도서관에 원하는 책이 없는 경우도 있기 때문입니다. 하지만 개인적으로는 도서관에서 빌려 읽는 것을 추천하고 싶습니다. 책값이 비싸서는 아닙니다. 사실 책은 가격에 비해 오래 즐길 수 있는 상품입니다. 영화 한 편 가격과 비교하면, 영화는 두 시간 남짓이지만 책은 일주일은 즐거울 수 있습니다(다시 본다고 해도 추가 비용이 없습니다). 시간이 지난 후 다시 읽을 수도 있고 남에게 줄 수도 있으니 결코 비싸다고 할 수는 없습니다. 도서관을 이용하는 이유는 돈 때문이 아니라 기회의 확대 때문입니다.

도서관에서는 마음껏 책을 접할 수 있습니다. 돈에 구애받지 않고 책을 볼 수 있고 관심사가 아닌 책도 편하게 빌릴 수 있으며 꼭 필요하지 않은 책도 펴들어 볼 수 있습니다. 이렇게 되면 자연스럽게 다양한 독서를 하게 됩니다. 자신이 무슨 주제의 어떤 책을 좋아하는지는 나이나 상황에 따라 다르지만, 직접 접하지 않으면 알 수 없다는 사실은 변함 없습니다. 세상에 이런 조건을 만족하는 곳이 도서관 말고 어디 있겠습니까. 습관처럼 도서관을 들락거리면서 이 책 저 책 읽는 것이 자신의 독서 성향을 알아내는 가장 좋은 방법일 겁니다. 그래서 이 책이 꼭 필요하다고 여겨지거나 갖고 싶다고 판단되면 그때 사면 될 테니까요. 집에 책을 많이 소유하여 멋있는 서재를 갖는 것도 좋지만, 자신의 취향을 확실하게 알고 자신만의 독서 세계를 만드는 것이 더 알차고 멋진 일일 겁니다.

매일 읽는 책

독서도 다른 학습과 마찬가지로 첫 25분 집중이 중요합니다. 아무리 재미있는 책이고 읽고 싶은 책이라도 처음부터 술술 읽기는 쉽지 않기 때문입니다. 여느 학습과 똑같이 처음이 힘듭니다. 앞에서 권한 대로 처음 25분의 고통을 넘기면 괜찮아집니다. 휴대폰을 멀리해야 하고, 막히면 쉬고, 벼락치기는 소용이 없으니 매일 조금씩 읽는 것이 중요하다는 점 역시 마찬가지입니다. 특별한 것은 그다지 없습니다. 매일 읽는 습관에 대해 조금 더 말하고자 합니다.

노벨상 수상 작가인 헤밍웨이는 한 인터뷰에서 셰익스피어는 매년 읽는다고 말하면서 『리어왕』은 언제나 읽고 있다고 합니다. 그리고는 〈자신은 늘 책을 읽으며, 있는 대로 읽고 있고, 책에 자신을 배급해 자신은 언제나 공급 상태에 있다〉고 말합니다. 이 대답은 〈목록에 있는 작가를 다시 읽는가? 예를 들어, 마크 트웨인은 어떤가?〉라는 질문에 〈트웨인은 2~3년 있어야 한다〉고 답하면서 이어지는 답변입니다.

저는 여기에서 두 가지에 흥미를 느낍니다. 하나는 그가 셰익스피어를 매년 어떤 작품이든 읽고 있다는 것, 특히 『리어왕』을 항상 읽는다는 것과 다른 하나는 주도적으로 독서를 한다는 겁니다. 셰익스피어를 늘 읽는다는 것은 매일 조금씩 읽어야 할 수 있는 말이지요. 몇 년에 한 번씩 읽는 것이 아니라 늘 옆에 두고 그의 어떤 작품이든 읽고 있다는 얘기입니다. 특히 『리어왕』은 늘 읽는다고 하니까요. 저는 이것이 생각을 키우는 좋은 방법이라고 여깁니다. 앞에서 얘기했지만 매일 조금씩 학습해야 장기 기억으로 저장되고 필요할 때 꺼내 쓸 수 있습니다. 이런 독서 습관으로 봐서 셰익스피어는 그의 작품에 어떤 형태로든 영향을 미쳤을 겁니다.

다른 하나는(제 번역의 미숙에서 오는 오해일 수 있지만, 용기를 내 이야기해 보겠습니다) 그는 자신을 책에 배급한다고 했습니다. 즉 자신과 책의 관계에서 책이 아니라 자신이 주인공이라는 의미로 보입니다. 자신을 책에 나누어주는 것이지요. 그리하여 자신이 항상 공급자가 됩니다. 보통의 경우와는 달라 보입니다. 보통은 책이 지식의 공급자이고, 독자는 공급받는 대상이지 않습니까. 하지만 헤밍웨이는 자신을 공급자로, 책을 공급받는 대상으로 여깁니다. 주도적이라고 해야 할까요? 독서에서 이런 관계 설정은 낯설어서 뭐라 말하기 힘들군요. (정말로 제 번역에 문제가 있는 것이 아닐까요?) 하지만 그는 같은 인터뷰에서 문학적 선조 중 가장 많은 걸 가르쳐 준 인물로 마크 트웨인, 플로베르, 스탕달 등 많은 작가와 화가를 꼽고 있습니다. 분명하게 영향을 받았다는 것이지요. 하지만 또 〈글을 쓸 때, 그때 읽고 있던 책에 영향을 받은 적이 있는가?〉라는 질문에, 제임스 조이스가 『율리시즈』를 쓰고 있을 때 이후론 없다고 대답합니다. 그것도 직접적인 영향은 아니라고 덧붙입니다.

나름 종합해 보면 그는 많은 책을 항상 읽으면서도 직접 영향을 받지는 않았던 것 같습니다. 시간이 흐른 후 영향을 받은 책을 돌이켜 생각해 보는 정도로 보입니다. 오랜 시간에 걸쳐 항상 책을 주도적으로 읽는다는 인상입니다. 그가 자신이 항상 공급 중이라는 취지로 말했는데, 이런 말도 합니다. 〈작가는 우물과 비슷합니다. 작가만큼이나 우물도 종류가 많지요. 중요한 것은 우물에 좋은 물이 있는 것이고, 우물을 마르게 퍼 올리고 다시 채워지길 기다리지 말고 일정한 양을 끌어올리는 게 낫다는 겁니다.〉 즉 항상 공급될 수 있도록 자신을 채우고 있어야 작가인데 그러려면 한꺼번에 모든 것을 쏟아 소진하지 말고 자신의 페이스를 조절하여 규칙적으로 쓰는 것이 낫다는 의미겠지요. 이런 방식이 독서에도 적용되는 것 같습니다. 독서에서도 항상 자신이 공급자가 되는 게 낫다는 의미가 아닐까요. 저는 헤밍웨이와 같은 독서를 하지는 못합니다. 여전히 책에 종속적이며 영향을 심하게 받고 있으니까요.

자신의 고전을 만들어라

미술사학자 고유섭은 1936년에서 1941년까지 한 잡지의 설문에 응했습니다. 그는 한국의 미를 구수함 혹은 자연의 미로 정의하여 지금까지 영향을 미치고 있습니다. 그는 꽤 냉소적으로 보입니다. 〈고향이 그리울 때는 어떤 때인가?〉라는 물음에 대해서는 〈없습니다. 오히려 지긋지긋할 뿐이외다〉라고 답하고, 〈노아의 홍수처럼 경성이 물속에 잠긴다면 어떻게 하겠는가?〉라는 질문에는 〈하필 경성뿐이지요? 세상이 모두 물속에 빠졌으면 하오〉라고 답했습니다. 대충 어떤 사람인지 짐작이 갑니다. 이런 그가 이즈음 무슨 책을 읽느냐는 질문에 〈『조선금석문』. 읽은 것이 아니라 읽고 있습니다. 원래 이 사람에게는 읽었다고 할 만한 책이 적습니다. 모두 중도이파의(中途而罷矣)니까〉라고 답합니다. 즉 중간에 그만둬서 끝까지 제대로 읽은 책이 없다는 말입니다. 삐딱하지요. 하지만 그의 본심을 드러내는 답이 곧 나옵니다. 즉 〈감명 깊은 작품상의 남녀 주인공 하나?〉라는 질문에 그는 〈주제넘은 대답이나 괴테의 『파우스트』는 항상 나의 형이상학적 고민의 우상 같습니다〉라고 답합니다. 즉 그의 책은『파우스트』였던 것이지요. 그는 〈항상〉이란 표현을 씁니다.『파우스트』가 항상 자신의 형이상학적 고민의 우상이라고. 게다가 고민의 근본을 다루고 있다고도 합니다. 형이상학적이란 말이 그 뜻이지요. 다시 말해서, 냉소적이고 끝까지 읽은 책은 별로 없다는 그의 인생 고전은 괴테의『파우스트』입니다.

자신만의 고전이 있다면 마르지 않는 샘을 집에 갖고 있는 것과 비슷할 겁니다. 목마르면 언제나 찾아와 목을 축이고 원기를 회복해서 세상으로 다시 나아가는 것이지요. 샘이 될 수 있는 책의 종류는 다양하고 개인에 따라 다른 것은 자연스러워 새삼 강조할 필요가 없습니다. 문제는 그런 샘이 있느냐는 것이지요. 물론 샘이 꼭 하나일 이유는 없습니다. 몇 개가 있다면 더 좋을 수도 있으니까요.

오에 겐자부로도 이런 샘이 있는 모양입니다. 그는 단테의『신곡』을 이야기하면서 〈이렇듯 고전은 다양한 형태로 몇 번이고 우리에게 새롭고 심오한 감정을 불러일으키는 측면이 있어요. 특히 노년에 이르러 그것이 주는 풍부한 경험을 생각하면, 저는 젊은 여러분에게 그때를 준비하기 위해서도 자신의 고전을 제대로 만들어 두기를 권하고 싶습니다〉라고 말합니다. 자신만의 고전을 만들라, 이 권유를 실천에 옮기고 싶군요. 저도 물론 어렸을 때부터 좋아하는 책이 있고 지금도 읽는 책이 있습니다만, 그것을 제대로 된 자신만의 고전이라고 부를 수 있을지는 망설여집니다. 그렇게 부르기에는 가짓수가 너무 많고 산만한 느낌입니다. 그리고 오에만큼 깊이 읽지는 못해서 감히 그렇다고 말하기가 꺼려지는 것이 사실입니다. 하지만 다른 문인은 모범이 될 수 있기에 조금 더 소개해 보겠습니다.

사무엘 베케트에 관한 많은 평전이 있지만 그가 공식적으로 인정한 제임스 놀슨의 평전에 이런 구절이 있습니다. 〈베케트는 근대 문학을 상대적으로 거의 읽지 않았다. 그는 그가 《케케묵은 이야기》라고 부른 것으로 규칙적으로 돌아갔다.〉 그가 언급한 케케묵은 이야기에 속한 작가는 초서, 파스칼, 쇼펜하우어, 셰익스피어, 단테, 라퐁텐, 포프, 스위프트, 키르케고르, 괴테, 하이네 그리고 말라르메입니다. 그는 동시대 작품보다는 고전을 좋아한 것으로 보입니다.

그런데 문인들의 책 읽기를 살펴다 보면 가끔 재미있는 것이 보입니다. 즉 작가들이 특별히 싫어하는 작가가 있고 또 여러 작가가 높이 평가한 작품이 있다는 겁니다. 예를 들어 사무엘 베케트는 헤밍웨이를 무척 싫어했습니다. 단 한 번 만났는데, 그가 조이스에 대해 좋지 않게 이야기한 모양입니다. 그는 헤밍웨이를 오만하다고 여겼는지 다시는 보고 싶지 않다고 했습니다. 하지만 카뮈의 『이방인』을 읽고 는 감탄하고 그의 소설 읽기를 권합니다. 중요하다고 말 하면서요. 오에 겐자부로는 사무엘 베케트에 대해 호의적 인 것으로 보입니다. 노벨상을 받은 후 가장 완벽하게 사라 진 작가라고 말하면서 소설가와 학력은 무관하다는 의미로 〈대학을 졸업하고도 비서, 교사직에 대해 배우면서 소설을 준비한 사람〉이 사무엘 베케트라고 말합니다. 이런 소소한 재미가 있어 책 읽기가 즐겁습니다.

저는 유감스럽게도 자신만의 고전을 아직 갖고 있지 못 합니다. 물론 앞에 예를 든 몇몇 작가를 좋아하고 자주 읽고 는 있지만, 항상 옆에 두거나 매일 읽는 고전은 아직 없습니 다. 그리고 앞으로도 생길 가능성은 매우 낮습니다. 왜냐하 면 자신만의 고전은 보통 어릴 때 정해지기 때문입니다. 어 린 시절에 각인된 작품이 보통 평생을 가기 때문입니다. 저 는 그런 작품을 아직 만나지 못했는데, 이유는 잘 모르겠습 니다. 여러 책을 읽었지만 고전으로 삼기엔 뭔가 부족한 느 낌이 들었습니다.

그래도 자신만의 고전으로 삼고 싶은 작가는 있습니다. 셰익스피어입니다. 읽을 때마다 새롭고 재미있고 감탄하는 데, 문제는 너무 어려워서 읽기가 힘들다는 겁니다. 옛날 영 어라서 이해하기 어렵고, 단어 뜻을 알아도 지식이 부족해서 내용을 따라가기 힘듭니다. 논리적 구조를 밝히는 것도 만만치 않으며, 당시의 시대상에 대해 잘 모르므로 제대로 이해했는지 자신도 없습니다. 절대적인 시간이 필요하다고 생각합니다. 단시간이나 단기간에 될 수 없는 문제이기 때문입니다. 30대에 셰익스피어를 읽겠다고 결심하고 20년 정도 연구하고 꾸준히 읽었다면 어느 정도 자신만의 고전이라 할 수도 있겠으나, 한 10년 정도 읽어서는 어림없습니다. 역시 벼락치기는 안 된다는 것이지요. 매일 읽어야 하지만 그와 함께 오랫동안 읽어야 한다는 겁니다. 숙성 기간이 필요하다는 것이지요. 다른 작가들을 보면 셰익스피어를 어린 시절부터 꾸준히 읽었다는 것을 알 수 있습니다. 처음에는 몰랐던 것들이 점차 발견되고 스쳐 지나갔던 구절이 나중에 의미심장하게 다가왔겠지요.

시집도 항상 자신만의 고전으로 삼고 싶었으나 잘 안 되었습니다. 로버트 프로스트를 좋아하고 관련 서적도 읽었습니다만, 아직도 그 깊이를 제대로 맛보지 못하고 있습니다. 작품이 제 몸에 스며들지 않아서 그런 것 같습니다. 카프카도 마찬가지입니다. 읽을 때마다 감탄하고 빠져들지만 아직은 전모를 파악하지 못하고 겉도는 느낌입니다. 역시 절대적 시간을 아직 채우지 못해서일까요?

부족함이나 허전함을 메우려는 건지 저는 작가들의 평

전을 즐겨 읽습니다. 앞서 베케트, 프로스트, 헤밍웨이, 셰익스피어, 그리고 조지 오웰과 카프카에 관한 책 등을 읽습니다. 평전은 작가와 작품에 대한 평이자 그 당시 사회상이나 분위기를 전해주므로 작가와 작품을 이해하는 데 큰 도움이 됩니다. 그 자체로도 재밌고요. 높은 수준의 지적 매력이랄까 하는 것이 있기 때문입니다. 하지만 평전에는 한계가 있습니다. 어쨌든 작가의 작품이 중심이고, 평전은 일종의 파생상품 같은 것이지요. 저는 자신만의 고전을 갖지 못해 아쉽기에 여러분은 그런 고전을 가졌으면 하는 바람으로 이 글을 씁니다. 될 수 있으면 어린 시절부터 시작하는 것이 좋고, 역시 이름 있는 고전으로 시작하는 것이 좋을 겁니다. 고전이라는 이름이 붙은 작품은 검증을 마쳤다고 할 수 있으니까요. 하지만 매우 어렵다는 사실을 머릿속에 넣고 마음 단단히 먹고 시작해야 합니다. 그 좋은 것이 읽는다고 그냥 머릿속으로 이동할 리 만무하기 때문입니다. 책을 갖고 씨름해야 한다고 할까요, 아니면 부둥켜안고 자신의 것으로 만들어 가는 과정이라고 해야 할까요? 어쨌든 자신과 분리되지 않는 것이 자신만의 고전인데 쉽게 될 리가 없겠지요.

텔레비전에서 드라마나 영화 대사를 줄줄 외우는 가수를 본 적이 있습니다. 열광적 팬이라고 자신을 말하면서 특정 드라마의 대부분을 외우고 있었습니다. 믿기지 않지요. 유명한 대사나 잊히지 않는 대사 몇 마디라면 이해가 가지만 20부작 드라마를 거의 외우다시피 하다니 놀랍기만 합니다. 하지만 오에 겐자부로처럼 『허클베리 핀의 모험』을 외우는 사람도 있습니다. 자신만의 작품에 빠진 사람은 자신도 모르게 작품을 통째로 외우는 모양입니다. 저는 아직 못하고 있습니다. 앞으로도 전망이 밝지는 않아 보이는군요. 통째로 자기만의 작품을 외우는 사람, 부럽습니다.

노트하라

〈정말? 아닌 것 같은데〉, 〈재미있다〉, 〈인상적이네〉, 〈칸트가 왜 여기에? 천재네〉. 책 여백에서 이런 낙서를 보면, 새삼 옛날 생각이 납니다. 오래전에 읽었던 책을 들춰 보면 유치한 기분도 들지만 순수한 느낌도 납니다. 의문을 가감 없이 적었고 느낌이나 평가를 솔직하게 써놓았기 때문이겠죠. 이런 일차 단상은 저에게는 추억에 불과하지만 유명 작가에게는 단상 이상입니다. 즉 연구 대상이 된다는 겁니다. 제임스 조이스가 원고를 교정하면서 쓴 짧은 글이나 메모는 연구자들의 좋은 읽을거리가 됩니다. 하지만 평범한 독자에게 그런 일은 물론 일어나지 않습니다. 하지만 평범한 독자도 단상을 남기면 좋습니다. 자신에게.

먼저 책을 읽으면서 느낀 점을 여백에 적습니다. 의무적으로 적어야 하는 것은 아니니 부담을 가질 필요는 전혀 없습니다. 그냥 생각나는 대로 혹은 느끼는 대로 적으면 됩니다. 누가 볼 것도 아니니 남을 의식할 필요는 전혀 없겠지요. 그리고 누구나 하는 밑줄 긋기를 하면 됩니다. 즉 밑줄을 긋고 코멘트를 하면 됩니다. 저는 분석철학 논문을 읽다가 첫 단락에서 칸트에 대한 언급을 발견하고는 저도 모르게 〈칸트가 왜 여기서 나와?〉라고 자문했고, 의아하게 여긴 바를 적었습니다(그리고 시간이 한참 흐른 후 그 이유를 알게 되었습니다). 책에 단상을 기록할 경우, 일차 반응을 여과 없이 적거나 밑줄을 긋는 것이 필요합니다. 밑줄은 꼭 동의하는 경우에만 긋지 않습니다. 인상적이거나 아니면 나중에 써먹을 수 있겠다 하는 경우에도 긋습니다. 그런데 밑줄의 경우는 나중에 다시 볼 때 〈왜?〉라고 생각할 수도 있습니다. 즉 왜 밑줄을 그었는지 모르는 경우도 꽤 있다는 겁니다. 하지만 상관없습니다. 일차 반응이니까요.

중요한 것은 책을 다 읽고 나서부터입니다. 보통은 책을 읽는데 많은 에너지를 쏟기에 다 읽으면 만족감과 함께 해방감도 찾아옵니다. 한마디로 뿌듯한 것이지요. 그래서 남에게 이야기하거나 SNS에 감상평을 올리는 정도에서 마무리합니다. 물론 이만 해도 좋은 태도입니다. 하지만 아쉬움이 남습니다. 보다 체계적으로 관리하면 읽은 책을 자신의 것으로 만들 수 있기 때문입니다. 앞에 나온 공부 기술도 배운 것을 어떻게 자신의 것으로 만들어 필요할 때 꺼내 쓸 수 있느냐는 방법이었습니다. 마찬가지로 책에서는 읽은 내용을 어떻게 자신의 것으로 만들어 시간이 지나도 꺼낼 쓸 수 있느냐가 중요합니다. 필요한 경우에 자신이 읽은 책을 활용할 수 없다면 답답하고 무력감을 느낄 겁니다. 〈아, 읽은 것 같은데, 생각이 안 나네.〉 이런 반응을 원하는 독자는 없을 테니까요. 글을 쓰거나 말을 할 때 바로 생각이 나서 제때 써먹을 수 있어야 보람이 있을 겁니다. 그러기 위해서는 많은 노력이 필요합니다. 즉 책 읽는 에너지가 10이라면, 노트하고 정리하는 에너지는 5 정도 된다는 겁니다. 생각보다 많은 노력이 필요합니다.

우선은 전체적인 인상을 써봅니다. 책 뒤에 쓰기는 불편하므로 따로 노트를 준비하는 편이 좋습니다. 그 노트에 전체적인 인상을 쓰는데, 매우 간단합니다. 길게 쓰는 것이 아니라 영화평처럼 별점으로 표시해도 좋습니다. 예를 들어, 〈별 3개. 참신하기는 하지만 깊이가 없어 인상적이지는 않다.〉 이렇게 쓰면 충분합니다. 그다음에는 인상적인 구절을 옮기는 겁니다. 책을 읽다 보면 누구나 인상적인 구절이 있기 마련입니다. 그러면 잠깐 멈춰서 밑줄을 긋지요. 밑줄 친

부분을 처음부터 옮겨 입력하는 겁니다. 물론 워드로 작업하여 컴퓨터에 입력할 수도 있고, 노트에 손으로 써 기록할 수도 있습니다. 어쨌든 입력을 합니다. 그런데 밑줄 친 모든 구절을 입력하지는 않습니다. 다시 읽다 보면, 〈어, 왜 밑줄을 쳤지?〉 이런 의문이 드는 구절을 마주치게 되기 때문입니다. 이런 구절은 뒤돌아볼 필요 없이 통과하면서 입력하면 됩니다.

전체 평점과 밑줄 옮기기를 마친 후에는 논쟁거리를 정리합니다. 어떤 책이든 논쟁거리가 있습니다. 가령, 『춘향전』을 읽어도 〈이 도령이 춘향이를 과연 정실로 맞이했는가?〉라고 물을 수 있습니다. 당시 양반과 상민은 혼인할 수 없는 것이 문화였으니까요. 그렇다면 〈춘향이 이 도령의 정실이 되지 못했다면, 처음부터 이런 사실을 알고 춘향이는 이 도령을 대한 것인가?〉, 〈우리가 생각하는 해피엔드는 아닌가?〉 하는 의문이 들 수 있습니다. 이 문제를 논증으로 만들어 보는 겁니다. 논증이란 한마디로 〈따지는 일〉이지요. 어떤 주장에 근거가 있는가, 있다면 그것으로 충분한가, 근거는 사실인가 등을 살피는 일입니다. 논증을 만들고 검토하는 과정은 논리력도 키우지만, 읽은 것을 자신의 것으로 만드는 데도 아주 쓸모가 있습니다. 뒤에서 논리에 대해 다시 말할 기회가 있을 겁니다. 어쨌든 책에서 제기된 문제라든지 더 생각해 볼 문제가 있다면 논증으로 구성하여 자신의 것으로 만들어야 책 읽은 효과를 더할 수 있습니다.

미국 대학에서 나온 중국사에서 중국 청나라를 만든 것은 만주족이 아니라는 주장을 보았습니다. 이 주장은 그동안 배웠던 바와 너무 다르므로 우선은 당황하기 마련이지요. 만주족이 청나라를 세웠다는 것은 어렸을 때부터 학교에서 배웠고 변발로 상징되는 만주족은 한족과는 머리 모양부터 확연히 구별되기에 이 주장은 황당하기까지 했습니다. 하지만 그 책은 하버드 대학 출판부에서 나온 것이어서 그냥 무시하기에는 부담이 되었습니다. 그래서 책에서 제시한 근거를 하나씩 검토하기 시작했습니다. 즉 논증 만들기를 시작한 것이지요.

주장: 청나라는 만주족이 만들지 않았다.

중심 근거: 원래 만주족은 없었다. 청나라를 세운 후 만들어 낸 것이다.

하위 근거:

1) 후대에 청나라 황제가 만주족을 만들어 냈다고 말했다.

2) 청나라 건국에 참여한 사람들은 어떤 형태로든 한족과 연관이 있는 일종의 결사체이다.

의문 1: 그렇다면 변발은 어떻게 설명할 수 있는가?

반박 근거: 변발은 동북 지방 사람들의 머리 모양으로 그 지역의 특색일 뿐 만주족 고유의 것이 아니다.

의문 2: 그렇다면 만주어는 어찌되는가?

반박 근거: 만주어는 인공문자이다. 자연어가 아니므로 유통되지 않았다.

책에서는 이렇게 근거가 제시됩니다. 그럼 저는 이 근거들을 반박해야 합니다. 즉 그것이 사실이 아니라는 것을 증명해야 하지요. 제가 무슨 재주로 그런 것을 할 수 있겠습니까. 저는 논증으로 구성해 책의 내용을 자신의 것으로 만들고 제 지식에 편입시켰을 뿐입니다. 하지만 이렇게 입력해 놓고 후에 이와 관련된 사실을 읽는다면, 즉각 입력된 내용과 연결되어 새로운 지식을 만들어 낼 겁니다. 실제로 2년 후쯤 거란족 요나라 미술품을 사진으로 보게 되었습니다. 꽤 많은 작품이 있었는데 회화, 도자기, 공예 등 분야를 가리지 않고 수준이 높아 보였습니다(물론 아마추어인 제 눈에 그렇다는 겁니다). 제 눈에는 송나라 작품과 구별할 수 없을 정도였습니다. 오래전부터 동북 지역은 문화가 융성했었고 항상 이민족이 중국을 침략할 때는 제도나 문물 그리고 문화 등에서 거의 중국화되었다고 합니다. 이런 작품을 보면서 어쩌면 만주족이 청나라를 세웠다는 통설이 부정될 수도 있겠다는 생각이 들었습니다. 그리고 그 책에 만주족이 청나라를 세우지 않았다는 것은 1980년대 역사학계에서 인정되었다는 구절이 있었습니다. 제가 도전하려면 무척이나 힘든 게임이 되겠지요.

지금까지 책을 읽은 후 노트하는 과정을 말씀드렸습니다. 우선은 별점을 주면서 간단한 평을 하고, 다음은 밑줄 그은 구절을 노트나 컴퓨터에 옮기고, 그다음은 읽은 것 중에서 흥미를 끌거나 궁금한 것은 논증으로 만들어서 따져 보라고 했습니다. 그렇게 하면 책의 내용을 자신의 것으로 만들어 나중에 필요할 때 꺼내 쓸 수도 있고, 지식을 확장하는 데 도움이 된다고 했습니다. 마지막으로, 더 알고 싶은 것을 적어 보는 일이 남았습니다.

보통은 책을 읽다 보면 더 궁금한 게 생기기 마련입니다. 예를 들어, 앞의 만주족 문제를 보아도 〈과연 동북 지역은 어땠을까?〉 하는 의문이 들 수 있습니다. 구체적인 정치, 경제, 사회, 문화를 알고 싶은 것이지요. 그리고 한국 미술사를 읽었다면 일본이나 중국 미술사가 궁금할 수도 있고, 서양 미술사가 궁금해질 수도 있습니다. 또 읽은 소설이 마음에 든다면 같은 작가의 다른 작품을 읽고 싶을 수도 있습니다.

저는 읽은 책에 등장한 책에 관심을 갖습니다. 저자가 소개하거나 영향을 받았다고 말하는 책은 거의 찾아서 읽는 편입니다. 뛰어난 작가가 좋다고 하는 책은 거의 틀림없이 좋은 책이라는 것을 경험으로 알기 때문입니다. 그리하여 더 읽고 싶거나 알고 싶은 것에는 언제나 그 책에서 소개된 책을 포함하고 있습니다. 그렇게 새로 알게 된 책을 읽으며 제 지식을 넓혀 가고 있습니다. 좋은 책을 많이 언급하고 있는 책을 저는 유익하다고 여깁니다.

매일 30분도 좋다

독서는 매일 조금씩 하는 것이 효과적입니다.

책을 읽는 사람을 세 부류로 나눌 수 있습니다. 학교 공부하는 학생, 일반인 그리고 전문가입니다. 학생은 공부나 시험으로 좀처럼 독서 시간을 내기 힘듭니다. 학교 공부를 하기에도 벅찹니다. 물론 시험용 독서는 있습니다. 논술 시험용 책 읽기도 있지요. 하지만 이런 독서는 목적이 분명하므로 여기에서 말하는 독서는 아닙니다. 여기에서 말하는 책 읽기는 본업과 상관없이 장기적으로 지적 수준을 높이기 위해 읽는 것이니까요.

시간이 부족한 학생도 규칙을 정하면 독서가 가능합니다.

하루의 30분을 매달 붓는 적금처럼 처음부터 없다 치고 떼 놓는 겁니다. 하루 일정을 짤 때 처음부터 아예 30분을 정하는 겁니다. 밤 10시 반에서 11시는 책 읽기. 그리고 취침. 모든 일정은 10시 반에 마치도록 하고, 나머지 30분은 자신이 읽고픈 책을 읽는 겁니다. 매일 조금씩 읽는 것이 더 효과적인 것은 앞서 말한 바와 같이 잠을 통해 입력된 정보를 자신의 것으로 만들 수 있기 때문입니다. 즉 잠자기 전에 학습한 것은 잠자는 동안 뇌에서 처리됩니다. 우리도 모르는 사이 뇌는 새로운 시냅스를 만들고 연결하면서 장기 저장을 준비합니다. 이런 과정은 몰아서 하는 것보다 매일 하는 것이 더 효과적이라는 점도 이미 말했습니다. 매일 30분이라도 자기 전에 책을 읽는다면 상당히 학습 효과가 높을 겁니다.

학생이 30분 정도라면, 일반인은 한 시간 정도 가능하다고 봅니다. 생업이 바쁘고 절실하겠지만 그래도 하루 한 시간 정도는 마음먹기에 달려 있습니다. 거의 매일 저녁 모임에 가지 않아도 사실 큰 지장은 없습니다. 여러 핑계를 대지만 하루 한 시간은 육아 등 특별한 경우가 아니라면 가능해 보입니다(물론 특별한 경우가 종료되면 다시 시간을 낼 수 있겠지요). 학생의 사례에서처럼 처음부터 아예 없다고 치고 먼저 떼놓는 것입니다. 하루 중 어느 시간으로 하느냐는 개인에 따라, 사정에 따라 다를 겁니다. 정하기 나름입니다.

전문가는 사정이 조금 다릅니다. 자기 시간 조정이 상대적으로 편하기 때문입니다. 물론 전문가도 생업에 바쁩니다. 제가 아는 교수가 이런 말을 한 적이 있습니다. 하루 누시간씩 공부할 수 있다면 세계적인 학자가 될 거라고. 그래서 제가 〈그렇게 바쁜가?〉 하고 물었더니 강의, 행사, 잡무, 학생 지도 등 일이 많다고 했습니다. 이해는 가지만 전문가라면 하루 최소한 두 시간은 책을 읽어야 합니다. 두 시간도 사실 전문가에게는 짧지요. 하지만 순수하게 읽고 싶은 책을 읽는 시간으로 한정한다면 절대 짧지 않습니다. 이때도 물론 먼저 두 시간을 떼놓고 시작해야 합니다.

그럼 저는 어떠냐고요? 저는 두 시간을 목표로 하고 있습니다. 즉 지금 쓰는 원고와 상관없는 책을 하루 두 시간씩 읽으려 노력하고 있습니다만, 저 역시 핑계가 많지요. 〈원고의 진도가 더뎌서 마음의 여유가 없다〉, 〈관계있는 책이나자료를 보는 데도 시간이 모자란다〉, 〈다른 일도 해야 한다〉등. 물론 모두 핑계입니다. 보통은 자기 전에 두 시간 정도역사서를 읽고 있습니다. 요즘은 영국사, 미국사, 일본사 등을 거의 매일 읽고 있습니다. 지금은 직접 도움이 되지 않습니다만, 또 누가 압니까 언젠가 도움이 될지. 마치 잊고 있던 적금이 목돈으로 돌아와 생활에 크게 이바지하는 것처럼 매일 조금씩의 독서가 후에 예상치 못한 결과물을 낳을지. 물론 기대일 뿐입니다. 나중에 전혀 도움이 되지 않는다고 해도, 읽는 시간이 즐겁고 보람되다면 더는 보상이 없어도 상관없습니다.

원서 읽는 방법

〈저희 같은 외국어 비전문가들은 말이죠, 전문가가 번역한 책을 옆에 두고 읽으려는 원서도 함께 둡니다. 그리고 사전을 옆에 둡니다. 이런 식으로 원서를 읽으면 좋아요.〉 오에 겐자부로는 자신의 원서 읽기 방법을 말합니다. 원서, 번역서 그리고 사전이 필요하다는 것이지요. 일단 번역서를 읽는다고 합니다. 읽다 이상하다 싶은 대목이 나오면 원서에서 해당 부분을 찾아 확인하고, 필요한 경우 사전을 찾는 것이 그의 방법으로 보입니다. 이 방법은 번역서를 중심으로 하는 방법입니다. 즉 원서를 읽는다기보다는 번역서를 정확하게 읽는 방법을 소개한 것이지요. 이 방법의 문제점은 즉시 떠오릅니다. 즉, 번역서가 없는 경우 어떻게 할 것인가?

일본은 잘 알려진 대로 번역의 나라입니다. 최신 과학 논문도 일주일이면 일본어로 번역됩니다. 일본에서만 공부하고 영어에 자신 없는 화학자가 노벨상을 받을 수 있는 원동력 중 하나는 번역의 힘입니다. 그만큼 일본에서 번역은 일상입니다. 과학에서 언어는 장벽이 되지 않을 정도이지만, 인문학도 그러한지는 의심스럽습니다. 그 많은 영어 원서 철학서가 다 번역될 리는 만무하니까요. 따라서 오에 겐자부로의 방법은 번역서가 이미 있다면 좋은 방법이겠지만 원서를 읽는 일반적인 방법은 아닙니다.

원서를 읽는 일에는 온갖 시련이 따릅니다. 제가 처음 영어 원서를 읽은 것은 고등학교 때였습니다. 아마도 서머싯 몸의 소설 『달과 6펜스』였던 것 같습니다. 너무 어려웠습니다. 두 시간 정도 읽어도 한 페이지도 못 읽었습니다. 아무리 노력해도 끝까지 읽을 가능성은 보이지 않았습니다. 이후 계속 시도했으나 그나마 작은 성공을 거두기 시작한 것은 꽤 오랜 시간이 지난 후였습니다. 우선 영어 실력이 부족했지만, 배경 지식 부족도 심각했습니다. 시대 배경을 파악하려면 시간과 끈기 그리고 폭넓은 지식을 요구합니다. 이런 것이 단시간에 갖춰질 리 없습니다.

더 문제가 된 것은 제 지적 수준이었습니다. 옛날 전공이 철학이었는데, 라이프니츠를 읽어도 무슨 말인지 알 수가 없었습니다. 우선 그의 저서 자체가 상상을 초월할 정도였습니다. 물질도 비물질도 아닌 모나드가 세계 구성의 기본이라는 주장을 도대체 어떻게 이해할 수 있겠습니까? 철학 입문서나 개론서를 읽을 수밖에 없었고, 그의 철학을 다룬 많은 논문을 찾아 읽어야 했습니다. 하지만 여전히 안개 속이었습니다. 나중에 생각해 보니 전체적인 수준이 오르지 않는다면, 아무리 라이프니츠를 열심히 읽어도 모르는 것은 당연한 일이었습니다. 즉 철학 전반에 대해 일정 수준에 다다라야 겨우 읽을 수 있다는 말입니다. 따라서 원서를 읽는 일은 단순히 외국어를 알아서 되는 일이 아닙니다. 한국어도 마찬가지일 겁니다. 신문 읽을 수 있다고 해서 전문 철학서나 법학서를 읽을 수 있는 것은 아니니까요. 그 분야에 훈련을 받고 지적 수준이 비슷해져야 이해하고 읽을 수 있지요. 영어로 된 철학서라면 여기에 영어라는 외국어 습득이 더해져 더 어려워지는 것이겠지요. 게다가 영어는 매우 어려운 언어입니다. 물론 영어뿐 아니라 모국어 말고는 모든 외국어가 어렵지요.

원서를 읽으려면 좌절하지 않는 것이 가장 중요합니다. 외국어를 익히는 데도 큰 노력과 많은 시간이 들고, 지적 능력을 높이고 그 분야의 지식을 습득하는 데도 오랜 시간이 듭니다. 따라서 좌절하는 순간 끝입니다. 매일 조금씩 포기하지 않고 해나가는 수밖에 없습니다. 다른 방법을 저는 알지 못합니다.

그럼 원서를 꼭 읽어야 할까요? 일본처럼 번역이 잘 되어 있다면 군이 읽을 필요가 있을까요? 물론 전문가는 읽어야 합니다. 원서를 자유자재로 읽는 것이 전문가의 기본이니까요. 일반인의 경우라면 어떨까요? 저는 전문가만큼은 아니지만, 일반인도 읽어야 한다고 생각합니다. 왜냐하면 사고가 유연해질 수 있기 때문입니다. 외국어를 한다는 것은 새로운 사유 방식을 배우는 일입니다. 같은 겨울 풍경이라도 언어에 따라 서로 다르게 표현합니다. 우리가 영어로 눈을 snow라고 한다고 배울 때, 기존의 눈이란 단어와 어감이 전혀 다른 단어를 접함과 동시에 새로운 사고 틀로 들어가는 겁니다. 영어를 쓰는 사람들의 사유의 틀로 들어가는 것이지요. 이것은 글자 그대로 외국(外國)입니다. 우리는 한국어를 아무리 잘해도 외국인일 뿐이어서 모든 것이 신기할 뿐입니다. 차츰 더 많이 알게 되면 또 다른 세계가 나오지요. 이렇게 해서 자신이 알고 있는 세계가 유일한 세계가 아니라는 것을 알게 되면 사고는 자연스레 유연해집니다.

사고의 유연성은 교양인이 되는 데 도움이 됩니다. 교양인은 균형 잡힌 사고뿐 아니라 상대성을 포용하는 자세를 가진 것이 보통입니다. 〈그럴 수도 있다, 그것도 말이 된다, 사람에 따라 다르다〉와 같은 말을 할 수 있어야 합니다. 〈아냐, 이것만이 옳아, 내 말이 맞다니까〉와 같은 말을 한다면 유연하다고 할 수 없을 겁니다. 외국 여행을 많이 해본 사람은 비교적 관대합니다. 손으로 음식 먹는 사람을 보아도 〈나라에 따라 다르다, 나도 다른 나라에서 본 적이 있다, 문화 차이일 뿐 야만은 아니다〉 이런 자세를 보이는 것이 보통입니다. 즉 한 가지만을 고집하지 않습니다. 물론 외국어를 배우거나 외국 여행을 해야만 사고가 유연해지는 것은 아닙니다. 다만 외국어를 하면 그 가능성이 훨씬 커질 수 있다는 겁니다.

저는 번역서에 의존하지 않고 직접 외국 서적을 읽으라고 권하고 싶습니다. 유연한 사고 외에도 새로운 정보를 빨리 얻을 수 있고 자신의 취미 생활에도 도움이 되기 때문입니다. 요즘은 취미도 세분되어 있습니다. 낚시만 해도 종목에 따라 전문잡지가 있는데 이는 비단 낚시에만 해당하지 않습니다. 등산, 자전거, 오토바이, 자동차, 인형, 만화 등 일일이 열거하기 힘들 정도입니다. 그리하여 요즘 세대는 자신의 취미 생활을 위해 자발적으로 외국어를 익힙니다. 이것은 우리나라만의 현상은 물론 아닙니다. 다른 나라에서 K팝을 제대로 즐기기 위해 한국어를 배우는 모습은 새삼스럽지 않은 일입니다.

그리고 외국어 공부에서 말하기보다는 읽기에 집중해야 합니다. 요즘에는 종래 영어 교육을 비판하면서 10년 영어 공부해도 외국인과 한마디 말도 못 나눈다는 비판이 있습니다. 하지만 10년쯤 영어를 공부했다면 접촉 기회만 늘려도 결국에는 잘합니다. 말하기 훈련은 되어 있지 않았어도 기초가 있기에 자꾸 하다 보면 잘하게 됩니다. 걱정할 필요가 없습니다. 미국에 가서 살게 되었을 때 독해 잘하는 사람이 훨씬 유리합니다. 우선 안내판이나 안내서를 정확히 읽을 줄 알기에 자신을 보호할 수 있고, 생활 영어는 살다 보면 익히게 되어 있기 때문입니다. 외국을 파악하고 이해하는 것은 독해 능력에 달려 있습니다. 책을 읽지 못하면 아무리 오래 살아도 피상적인 이해를 얻을 뿐입니다. 눈에 보이는 것, 경험한 것이 다는 아닙니다. 오히려 눈에 보이는 것을 의심하고 밑에 있는 진실을 보려면, 역사나 문화, 정치나 사회 제도 등에 대한 이해가 있어야 합니다. 그리고 이런 이해는 독서를 통하지 않으면 얻기 힘듭니다.

오에 겐자부로는 대학을 졸업하기 전까지 반드시 갖춰야 할 것으로 두 가지를 말합니다. 하나는 외국어 독해 능력이고, 다른 하나는 친구입니다. 외국어를 말하고 있는데, 그냥 외국어 능력이라거나 외국어 회화 능력이 아니라 딱 집어서 독해 능력이라고 말합니다. 즉 외국어는 독해 능력이 거의 모든 것이라는 말이지요. 그는 미국과 멕시코에서 영어 강의를 할 정도로 영어에 능통했지만, 옛날 암기식 독해 위주의 영어 교육을 받았던 사람입니다. 요즘 기자들이 영어 점수는 높으나 영어 실력이 형편없다는 말을 자주 듣습니다. 외국 언론 보도를 번역했는데 무슨 말인지 속뜻을 모른다는 겁니다. 이것이 독해 능력의 차이입니다. 표현된 말이 겉으로는 멀쩡한데 속은 비어 있다면 제대로 된 독해 능력이 아닙니다. 속뜻을 알아야 독해입니다.

동시대 글을 읽어라

소설가 나쓰메 소세키가 1916년 한 신문에 쓴 글에 〈영국 잡지에는 니체라는 이름이 자주 보였다〉라는 구절이 있습니다. 이 글은 〈러일전쟁 후 유럽의 사상가나 학자는 실제 그 정도로 사회를 움직이고 있는 것일까?〉 하는 물음을 다루고 있습니다. 제 관심사는 그런 거창한 문제가 아니라 그가 영국 잡지를 읽고 있었다는 사실입니다. 즉 100여 년 전에 그가 당시의 외국 잡지를 읽었다는 점이 흥미롭습니다. 그는 정기적으로 유럽이나 미국의 미술잡지를 구독했다고 하는데, 배달이 원활하지 않을 때는 기다렸다고 합니다. 소설가가 미술잡지를 볼 수야 있겠지만 굳이 서양의 잡지를 매월 보았다는 것은 단순한 취미 이상으로 보입니다. 즉 당대의 흐름 특히 서양의 흐름을 파악하고 따라잡으려는 의도도 있었을 것으로 짐작됩니다.

앞서 고전을 읽으라는 제안을 했습니다. 또 자기만의 고전을 만들면 좋은 점에 관해서도 설명했습니다. 보통 책 읽기를 말할 때 고전은 단골 메뉴입니다. 심지어 〈모든 답은 고전에 있다〉, 〈고전은 세월을 겪으면서 자신의 가치를 입증했다〉는 식의 추천도 많이 있습니다. 물론 맞는 말입니다. 하지만 고전보다 먼저 읽어야 할 것이 바로 동시대의 글입니다. 왜냐하면 의문의 시작은 자신이 살고 있는 이 시대에서 출발해야 하기 때문입니다. 수학에는 몇백 년 동안 풀지 못하고 남아 있는 문제들이 있다고 합니다. 처음부터 이런 난제 중 하나를 풀고야 말겠다고 결심하고 도전할 수 있습니다. 문제가 명확하기 때문이지요. 하지만 세상살이에 관한 문제는 그렇지 않습니다. 자신이 사는 사회와 시대에 따라 문제는 변하니까요. 전쟁 이후에는 가난, 폭력, 무의미 등이 관심의 대상이지만, 평화의 시대에는 문화, 자유, 행복 등이 떠오르겠죠. 변하지 않는 삶의 문제는 존재하지 않습니다. 다만 유사성이 있을 뿐이지요. 고전을 읽는다면 유사성이 역할을 하는 겁니다. 고려 시대의 인생과 21세기의 인생은 달라도 한참 다릅니다. 그래도 비슷한 점이 있다면 무엇일까? 그것을 찾을 수 있는 데가 고전일 겁니다.

자신이 살고 있는 시대에 대한 고민이나 의문이 없다면, 아예 독서는 시작도 못 할 겁니다. 한다고 해도, 신선놀음

같은 것이 되기 십상입니다. 〈예로부터 죽음에 대해 이렇게 말했다〉고 하면서 공자부터 쭉 나올 수가 있고, 실제 그런 지식이 도움이 될 수 있습니다. 하지만 자신의 것이 되려면 먼저 지금 자신이 몸소 느끼고 의문을 품는 문제가 있어야 합니다. 일단 문제가 느껴지면 먼저 동시대 다른 사람들은 어떻게 생각하느냐를 살펴야 합니다. 잡지나 단행본, 신문이나 방송 등이 그 대상이 되겠지요. 여기에서 문제가 해결되면 그치면 됩니다. 하지만 보통은 그치기가 쉽지 않습니다. 예를 들어 〈요즘 왜 자살이 늘어나는가?〉 하는 의문이 생겼습니다. 이 의문은 쉽게 해소될 리 없기에 과거에는 어땠는지를 찾아볼 수밖에 없습니다. 옛날에도 자살했겠지만, 지금과 같은 이유인가 아니면 흔히 말하는 대로 사회적 현상인가? 즉 근대 이후의 산물인가? 아닌가? 자살 충동이 원래 인간에 내재한 것인가? 고전으로 갈 수밖에 없는 상황입니다. 이런 과정을 거친다면, 자살에 대한 관점이 생길 터이고 그것은 자신의 지식이 될 겁니다.

나쓰메 소세키는 당대의 문제를 알기 위해 잡지만을 읽은 것은 물론 아닙니다. 그는 방대한 고전 지식과 함께 뛰어난 영어 실력도 갖추고 있었기에 거침없이 읽었습니다. 그의 독서 중심 및 출발점은 현재였던 것으로 보입니다. 그는 서양 문화의 침투와 일본의 군국주의화를 누구보다 예민하게 느끼고 있었고 일본인에게 계속 경고했습니다. 이대로 가면 멸망뿐이라는 것을. 저는 그의 현실 감각과 현실을 대하는 태도를 좋아합니다. 즉 현재에서 시작해서 과거로 그리고 미래로 나아가는 과정이 좋습니다. 고전을 무조건 추앙하는 게 아니라, 〈지금이 고통스럽다, 여기에서 벗어나고 싶다〉 하고 탐색하는 과정에서 고전이 등장하는 것이 좋다는 겁니다. 그는 오랫동안 위궤양을 앓았습니다. 아마도 제 생각에는 시대의 고통이 그의 몸속에까지 퍼진 것이 아닐까 생각합니다.

12

글쓰기의 기술
— 매일 쓰는 습관과 논리적 사고

습관

공부는 의지가 아니라 습관이라고 앞서 말했습니다. 글쓰기도 마찬가지입니다. 글쓰기는 창작 행위이므로 특별한 무언가가 있다고 말하는 사람도 있습니다만, 글쓰기를 전문으로 하는 사람들은 습관으로 글을 쓰는 것으로 보입니다. 즉, 어느 날 갑자기 떠오른 주제가 있다 하더라도 글로 써서 한 편의 작품이 되려면, 역시 습관이 아니면 어렵다는 겁니다.

헤밍웨이는 서서 글을 썼다고 합니다. 가슴 높이에 놓인 타자기와 독서대를 마주하고 똑바로 선 채 글을 썼습니다. 요즘에는 서서 작업하는 사람도 늘고 있다고 하지만, 그가 활동하던 20세기 초에는 이런 작업 방식이 일반적인 경우가 아니었을 겁니다(저는 들어 본 적이 없습니다). 중요한 것은 서서 글을 쓰는 것이 그의 작업 습관이었다는 겁니다. 항상 그랬다는 것이지요. 작업 시간도 거의 정해져 있었다고 합니다. 즉 밤에 일하지 않는 것을 원칙으로 삼았고, 해가 뜨자마자 글을 쓰기 시작하여 보통은 정오쯤 마쳤다고 합니다. 물론 정오 전에도 마칠 수가 있었겠지요. 이런 습관이라면 그는 하루에 6시간 정도 작업했다고 할 수 있겠습니다.

인터뷰에 의하면 그는 작업이 끝난 후에 집 밖 수영장에서 매일 800미터쯤 수영했다고 합니다. 그가 밤에 작업하지 않은 이유는 〈밤의 생각과 낮의 생각은 큰 차이가 나는데 밤의 생각은 아무것도 아니어서 어차피 낮에 다시 일해야 하기 때문〉이라고 합니다. 앞서 나왔던 생체 리듬과도 일치하는군요. 밤에는 자야 하고, 머리를 많이 쓰는 일은 오전에 하는 것이 더 효과적이라는 제안 말이죠.

그에게는 주목할 만한 습관이 더 있었습니다. 즉 원고를 다시 시작할 때 전날 쓴 곳까지 처음부터 교정하는 겁니다. 그는 전날 쓴 지점에서 늘 매일 다시 쓴다고 말합니다. 말이 쉽지 실제로는 매우 힘든 일입니다. 예를 들어 첫날 100페이지가량을 썼다면, 그다음 날 작업할 때는 첫 페이지부터 고쳐 나가면서 100페이지까지 읽고 이후 그날의 작업을 하는 셈이니 작업량이 엄청나게 늘어날 겁니다. 글을 쓸수록 작업량이 늘어나는 습관입니다. 지키기가 쉽지 않아 보입니다. 이렇게 한다면 도대체 한 편의 소설을 완성하려면 몇 번을 고쳐야 할까요. 짐작도 가지 않습니다.

언제 그날의 글쓰기를 마치는가에 관해서도 그는 습관이 있었습니다. 습관이라기보다 원칙이라는 표현이 더 어울리는지도 모르겠습니다. 즉 다음 이야기가 남아 있을 때 작업을 멈춘다는 겁니다. 그는 다음에 무슨 일이 벌어질지 아는 지점까지 쓴 다음, 거기서 멈추고 다음 날까지 꾹 참고 지내다가 다시 글을 시작한다고 인터뷰에서 말합니다. 즉 다음에 이어질 이야기가 머릿속에 있을 때 멈추고, 계속 이어 쓰고 싶다는 욕망을 억누르고 다음 날 아침까지 참는다는 것이지요(이렇게 해야 꾸준히 오래할 수 있고, 결국에는 생산성이 더 높아진다는 연구가 있습니다). 앞서 나온 공부하는 기술에서 〈일과 지키기〉와 같은 원리입니다.

전체적으로 보면 일정을 지키면서 매일 꾸준히 하는 것이 더 좋다는 것은 앞에서 말씀드렸습니다. 소설과 같은 창작 활동은 다르지 않나 반문하시는 분도 계실 겁니다. 그러나 소설의 경우는 오히려 다음에 이어질 이야기가 떠오르지 않으면 괴롭습니다. 진도가 안 나간 채로 멈추기 어렵습니다. 이어질 이야기가 없는 상태에서 시간이 다 되었다고 (즉, 헤밍웨이 경우에는 정오가 되었다고) 일을 마치면, 그다음 날이 괴롭습니다. 아마도 헤밍웨이는 오랫동안 각고의 노력을 통해 이런 습관 속에서 이야기를 연결하는 방식을 체득했을 겁니다.

저도 밤에는 작업하지 않고 있습니다. 이 점은 헤밍웨이와 같지만, 이유는 다릅니다. 저는 밤에 잠을 자지 않으면 다음 날 일을 못 하기 때문입니다. 그리고 작업 시간이 정해져 있는 것도 비슷하긴 한데 조금 다릅니다. 즉, 오전에 글을 쓰다가 목표를 달성하지 못하면 오후까지도 씁니다. 헤밍웨이처럼 지키지는 못하고 있습니다. 그는 거의 규율처럼 시간을 지키고 있으나 저는 권고쯤으로 여기는 것 같습니다. 물론 저는 앉아서 작업합니다. 일어서서 글을 쓰거나 읽는다는 것은 생각해 본 적도 없습니다.

습관처럼 일하는 것은 오에 겐자부로도 마찬가지로 보입니다. 그의 작업 시간은 아침 여섯 시나 일곱 시부터 오후 두 시까지라고 합니다. 아침에 일어나 물을 마시고 일을 시작한다고 하며, 오후 두 시쯤 일이 끝나면 아침 겸 점심을 먹고 우편물 정리 후에 책을 읽습니다. 저녁 식사 후 다시 책을 보거나 일을 하고, 열 시에서 열한 시쯤 술을 한잔하고 아들이 화장실에 가려고 일어나면 침대를 정리해 주고 잠자리에 든다고 합니다. 매우 규칙적이고 단조로운 생활입니다. 저는 이런 습관이 성과의 원동력이라 여깁니다.

예전에 소설가나 시인은 괴팍한 사람이라는 인상이 있었습니다. 학교와 텔레비전에서 소개되는 문인은 평범한 사람들은 아니었습니다. 밤에 주로 작업하고 술을 엄청나게 마시며 엉뚱한 기행을 일삼는 모습이었지요. 심지어 여름에도 겨울옷을 입고 다니는 문인이 있다는 풍문을 들은 적도 있습니다. 제 머릿속의 문인은 수염이 나고 광기 어린 눈을 갖고 있으며 마른 모습이었습니다. 하지만 세월이 흐른 후 저는 글을 쓰는 사람은 대부분 엄격한 자기관리를 한다는 것을 알았습니다. 규칙적으로 일하고 욕망을 통제하며 거의 습관처럼 일한다는 것을요.

오에 겐자부로는 소설가로서 오래 생활해 오면서 결국 소설을 쓴다는 일이 일종의 단순 작업이 되어 버렸다고 말합니다. 단순 작업이라는 말에 주목할 필요가 있습니다. 편의점 아르바이트나 공장 노동자와 다를 게 없다는 뜻으로 보입니다. 〈그저 매일 자신도 모르게 일을 한다. 특별하거나 비장한 자세는 없다. 그저 하는 것이다. 다시 말해서, 노동자일 뿐이다.〉 저는 이런 자세를 좋아합니다. 글쓰기가 대단한 일이 아니라는 것이지요. 사람에 따라 개성과 특기가 다를 뿐 특별한 작업은 없다고 생각하니까요. 하지만 그가 글쓰기를 단순 작업이라고 말하기까지는 수많은 노력과 인내의 시간이 필요했을 겁니다. 단순한 습관과 일정, 그리고 어찌

보면 무미건조하게까지 보이는 일상은 그냥 얻어지는 것이 아닐뿐더러 아마도 젊은 시절부터 갖고 있지도 않았을 겁니다. 시행착오를 통해 자신에게 맞고 효율적인 습관을 찾아내고 자신의 것으로 삼았겠지요.

요즘 바쁜 직장생활을 하면서도 꽤 두툼한 책을 내는 사람들이 늘고 있습니다. 직장에서 퇴근한 후 집에 와서 밥만 먹은 후 바로 작업에 돌입해서 잠들 때까지 한다고 합니다. 대단한 열정입니다. 피곤한 몸을 이끌고 그것도 밤에 일하면 몸에 무리가 갈 터인데, 그럼에도 수백 페이지짜리 책을 쓸 수 있었던 것은 아마도 열정과 함께 습관의 덕이 아닐까 생각합니다. 즉 책 쓰는 시간을 정해 놓은 덕분이지요. 들쭉날쭉 몸 상태가 좋으면 많이 쓰고 몸이 피곤하면 덜 쓰고 하는 것이 아니라 〈언제나 퇴근 후에는 쓴다〉 이렇게 정해 놓고 실천하는 겁니다.

결심은 누구라도 합니다. 실천은 전혀 다른 문제입니다. 이런 직장인의 경우에도 실천을 거듭하면서 습관이 되고 결국에는 단순 작업이 되었을 겁니다. 그렇지 않다면 직장생활하면서 책을 쓸 수는 없었을 겁니다. 학생도 마찬가지라고 생각합니다. 시험 공부에 바쁘고 성장기에 할 일도 많은데 어떻게 저절로 글 쓰는 시간이 생기겠습니까. 다만 학생이라고 불가능한 것은 아닙니다. 우리는 아무리 바쁘고 할 일이 많더라도 거의 매일 컴퓨터와 씨름하지 않습니까. 그 시간에서 30분이라도 떼서 글을 쓰면 됩니다. 방법은 역시 습관으로 만들고 단순 작업이 될 때까지 노력하는 것이지요. 습관의 힘은 생각보다 훨씬 큽니다. 똑똑 떨어지는 물이 바위를 뚫는다고 하지 않습니까. 위대한 작가든 평범한 사람이든 모두 습관으로 글을 씁니다.

고쳐 쓰기

글을 잘 쓰는 방법에서 첫째를 꼽으라면 저는 고쳐 쓰기를 주저 없이 고릅니다. 고쳐 쓰기는 교정과는 조금 다릅니다. 물론 교정을 좁은 의미로 정의하면 틀린 맞춤법을 고치거나 문맥 혹은 적절한 어휘가 아닌 것을 수정하는 것을 말합니다. 이보다 넓은 의미인 교열은 교정보다 더 넓게 그리고 깊게 문장에 개입하는 것이지요. 교열자의 의견을 첨가할 수 있습니다. 그렇다면 고쳐 쓰기는 무엇일까요? 그것은 글 쓰는 사람이 직접 고치는 겁니다. 교정이나 교열에 넘기기 전에 자신이 스스로 읽고 고치는 것이지요. 따라서 범위에는 제한이 없습니다. 심지어는 쓴 글 모두를 폐기할 수도 있습니다. 그런 의미에서 교정이나 교열이 아니라 고쳐 쓰기라고 저는 부릅니다. 즉 전면 폐기까지 포함하여 무엇이든 마음에 들지 않는 부분은 다시 쓰는 겁니다.

헤밍웨이의 『무기여 잘 있거라』라는 작품은 고쳐 쓰기의 예로 유명합니다. 제가 어렸을 때도 들은 적이 있으니 널리 알려진 이야기겠지요. 그는 인터뷰에서 이 소설의 마지막 페이지를 서른아홉 번 고쳐 썼다고 말했습니다. 그리고 그 이유가 표현을 바로잡기 위해서라고 합니다. 즉 줄거리나 구성의 문제가 아니라 적합한 표현을 고르기 위해서라는 것이지요. 소설가로서 알맞은 표현을 찾기 위해 고쳐 쓰는 것은 충분히 이해가 가지만, 서른아홉이라는 숫자에는 조금 놀라게 됩니다. 한 일고여덟 번이면 충분하지 않을까, 하는 생각이 드는군요. 하지만 그의 다음 발언을 보면 고쳐 쓰기가 단순히 어휘 찾기를 위한 것이 아님을 알 수 있습니다.

헤밍웨이는 자신의 소설을 다시 읽다 보면 어디부터 계속해야 하는지 알게 된다고 말합니다. 다시 말해, 줄거리가 어떻게 전개되어야 하는지를 다시 읽어 보고 알 수 있다는 것이지요. 앞서 말한 대로 그는 그날 작업하기 전에 전날까지 쓴 원고 전부를 읽습니다. 그냥 남의 책 읽듯이 하지는 않겠지요. 한 페이지 한 페이지 읽으면서 다시 생각하면서 검토하겠지요. 그렇게 하면 다음의 연결이 자연스럽게 떠오른다는 것이지요. 그는 구체적으로 말하는데, 그전에 멈춘 지점까지는 늘 매일 다시 쓴다고 하면서, 원고가 모두 끝난 후에는 다른 사람이 깨끗하게 타자를 해주면 다시 고치고 마지막으로는 교정쇄에서 고친다고 합니다.

고쳐 쓰기 강조는 오에 겐자부로도 마찬가지입니다. 그는 일래버레이션이란 표현을 씁니다. 즉 매일 써나가기는 해도 일단 완성된 것을 가능한 한 단기간 안에 정리해서 고쳐 쓰고, 고쳐 쓰며 세세하게 다시 검토하는 공정(그것이 일래버레이션, 고쳐 쓰기이지요)을 두었다고 말합니다. 여기에서 굳이 영어를 사용한 것은 제 짐작으로는 〈일래버레이션elaboration〉이 퇴고라는 뜻이 있지만, 어원은 〈노동하다labor〉에 있기에 〈노동이다〉, 혹은 특히 〈육체노동처럼 힘들다〉는 의미를 살리려 한 것이 아닐까 합니다. 즉 고쳐 쓰기는 노동이란 말입니다. 저는 이런 의미에 적극적으로 동의합니다. 왜냐하면 실제로 자신이 쓴 원고를 몇 번이나 고쳐 쓴다는 것은 정신적으로나 육체적으로 매우 힘들기 때문입니다(전혀 고쳐 쓰기를 하지 않아도 상관없을 정도로 뛰어난 작가도 있을 테지만, 그렇지 못한 저는 할 때마다 힘이 듭니다).

오에 겐자부로는 요즘 블로그 글쓰기에 불만이 있어 보입니다. 즉 고쳐 쓰기에 신경 쓰지 않는 것이 못마땅한 것 같습니다. 그는 블로그 시대의 구어체 문학에 대해서는 자신도 걱정이라고 하면서 그래도 지극히 세련되어져서 초기의 엘리엇과 같은 재미있는 문체가 될지도 모른다고 말합니다. 하지만 곧 블로그에 자기가 쓴 것을 프린트해서 몇 번이고 수정을 반복해 가는 것이 자신을 단련시키는 데 유효하다고 말합니다. 즉 지적 훈련이나 문학 훈련 어느 쪽이라도 블로그 문장을 다듬자고 외칩니다. 여기에서 블로그는 요즘의 페이스북, 트위터, 각종 사이트 댓글을 포함하는 개념이겠지요.

SNS에 글을 올리는 경우가 많아서 요즘이 새로운 글쓰기 시대라는 말도 합니다. 옛날에는 글 쓰는 전문가가 있었습니다. 작가, 기자 등이 글쓰기를 담당했고, 보통 사람은 일기 정도를 썼지요. 글 쓰는 것은 특별한 일이었습니다. 하지만 지금은 거의 누구나 다 씁니다. 댓글, 메시지 등을 포함하면 거의 모든 국민이 쓰고 있다고 할 수 있습니다. 그래서인지 고쳐 쓰기에 대한 배려는 많이 약해진 것이 아닌가 걱정입니다. 즉 글이 짧고 자신의 감정이나 생각을 직접 표현하기 때문인지 다시 한번 고쳐 쓰고 올리는 경우는 별로 없어 보입니다. 그때그때의 감정이나 의견을 거의 여과 없이 올리기에 시간이 지나면 후회하는 경우도 꽤 있고, 심지어 남에게 상처를 주기도 합니다. 무슨 글이든 아무리 짧더라도 자신이 쓰고 자신의 이름이 드러나는 것이라면 항상 수정해야 합니다. 다시 보고 맞춤법도 확인하고 어색한 표현이나 부적절한 단어는 고쳐야 합니다. 그리고 시간이 조금 흐른 후에 다시 봐야 합니다. 즉 한 번 고쳐 쓰기로는 부족하다는 겁니다. 고쳐 쓰기는 아무리 짧은 글이라도 시차를 두고 최소 세 번 정도는 해야 효과가 있습니다. 여기서도 앞서 공부 기술에 나온 시차 두기가 적용됩니다.

저는 고쳐 쓰기에 약합니다. 처음 글을 쓰기 시작했을 때는 출판사에서 교정쇄가 넘어오면 그때 처음 다시 보았고, 꼼꼼히 보지도 않았습니다. 귀찮았지요. 원고 쓰는 것도 힘든데 나머지는 출판사가 알아서 하겠지 하는 마음도 있었습니다. 자신이 쓴 글을 본다는 것이 조금은 두렵기도 했기에 뭐 대충하자는 식이었지요. 보통 세 번 정도 교정을 보면 끝나는 작업인데, 저는 크게 비중을 두지 않았습니다. 하지만 책 내는 것이 점차 자리 잡으면서 교정하는 자세도 조금씩 바뀌었습니다. 고쳐 쓰기 비중이 점차 늘어난 것이지요. 초고를 완성하면, 출판사에 보내기 전에 친구에게 검토를 부탁합니다. 친구가 보는 사이에 원고를 잊고 다른 일을 합니다. 하지만 이때 실제로는 원고에 대한 자체 점검을 자신도 모르게 하고 있습니다. 마치 잠든 사이에 중요한 일이 일어나는 것과 같습니다. 뭔가 짜임새가 부족하다든지, 사례가 부족하다든지 아니면 너무 훈계조가 아닐까 등등의 생각이 듭니다. 뇌가 알아서 대책을 모색하겠지요. 뇌를 믿어야 합니다.

친구에게서 원고가 오면 당연히 처음부터 봅니다. 어떤 지직이 있는지 하나하나 봅니다. 물론 많은 수정이 있습니다. 이 작업이 끝나면, 얼마 동안 원고를 방치합니다. 그리고 다시 원고를 봅니다. 꽤 시간이 걸리지만, 예상보다 항상 변동이 큽니다. 어느 부분은 원고가 완전히 새롭게 바뀌고, 어떤 부분은 완전히 삭제합니다. 그리고 사실과 다른 부분도 가끔씩 등장해 수정해야 합니다. 어떤 때에는 책의 톤을 바꿔야 하기에 원고 전체를 경어체로 바꾸기도 합니다. 고쳐 쓰기가 끝난 후에도 바로 보내지 않고 얼마 동안 묵힙니다. 물론 발효를 노리는 것이 아니라 그동안 마음속에 떠오르는 것이 있다면 고치기 위해서입니다. 이런 과정은 번거롭고 시간이 많이 소요되지만, 이 과정 없이는 글쓰기도 없습니다.

처음부터 고쳐 쓰기 비중을 10에서 4 정도는 잡아야 합니다. 즉 원고 작성에 6 정도의 힘을 쏟는다면, 고쳐 쓰기에 4 정도는 써야 한다는 것이지요. 이런 비중까지 고려하여 전체 일정을 잡아야 합니다. 6개월 원고를 쓸 예정이면, 4개월은 고쳐 쓴다고 마음먹고 시작해야 합니다. 보통은 원고 작성 기간만을 작업 기간으로 치는 경향이 있는데, 이는 잘 못입니다. 처음부터 고쳐 쓰기를 작업 기간에 포함해야 합니다. 시차를 두고 몇 번 고쳐 쓰기를 하면 처음 원고와 전혀 다른 새로운 원고가 될 수 있습니다. 종종 일어나는 일입니다. 걱정할 것 전혀 없습니다. 오히려 좋은 일이지요. 시차를 두고 작업하는 덕에 뇌가 자신도 모르게 많은 일을 해서 원고가 좋아진 것입니다. 물론 이런 과정을 고치면서 원고를 전면 폐기하는 일도 생깁니다. 슬픈 일이긴 하지만 장기적으로 보면 좋은 일일 수 있습니다. 어느 쪽이든 시차를 둔 고쳐 쓰기는 글쓰기의 핵심입니다. 고쳐 쓰기가 없다면 글쓰기가 아닙니다.

남겨라

공부하는 방법에 대해 말하면서 일정을 지키라고 했습니다. 몸 상태가 좋고 공부도 잘돼서 더 하고픈 날이 있다는 것이지요. 그런 날은 공부를 더 하고 싶어집니다. 잘 되는데 계속하지 않을 이유가 없다고 여기는 것이지만, 시간이 되면 멈추라고 저는 권했습니다. 왜냐하면 내일 또 해야 하니까요. 매일 정해진 만큼 하는 것이 몰아서 하는 것보다 훨씬 효과적이라는 것도 말했습니다. 그리고 한 가지 더. 자기 전에 다음 날 할 것을 생각해 보라고 했습니다. 5분이면 충분하다고. 다음 날 할 것을 미리 정해 놓으면, 다음 날 바로 책상에 앉아 공부를 시작할 수 있기 때문입니다.

잘 되어도 시간이 되면 멈출 것, 다음 날 할 것을 미리 정해 둘 것. 이 두 가지를 글쓰기에도 적용할 수 있습니다. 즉 글쓰기를 효과적으로 하기 위해서는 멈출 줄 알아야 한다는 겁니다. 헤밍웨이는 심지어 참아야 한다고 말합니다. 그는 아직 활력이 남아 있고 무슨 일이 일어날지 알고 있는 지점에서 글쓰기를 멈추고 다음 날까지 참았다 다시 써야 한다고 말합니다. 무조건 시간이 되었으니 그만두는 게 아닙니다. 이야기 전개가 눈에 보여야 합니다.

투수는 자신의 힘의 70퍼센트 정도로 던져야 잘 던질 수 있고 오래 던질 수 있다고 합니다. 항상 전력투구하면 오히려 제구가 흔들릴 수 있고 어깨에도 부담이 가 선수 수명에도 지장이 있다는 겁니다. 70퍼센트 정도의 힘으로 던지면, 남는 힘이 있기에 여유가 있습니다. 무리를 하지 않게 되고 동작도 부드러워 부상도 예방할 수 있습니다. 글쓰기도 이와 매우 비슷합니다. 전력을 다하고 그다음 날 뻗는 것보다 매일 정해진 만큼 꾸준히 쓰는 게 더 좋습니다.

오에 겐자부로는 한 글자도 쓰지 않는 날이 없다고 합니다. 항상 카드나 노트를 쓰기 때문에 그런 날은 없다는군요. 앞서 얘기한 것처럼 그도 시간을 정해 놓고 작업을 합니다. 거의 일고여덟 시간씩 꾸준히 하는 것으로 보입니다. 그도 헤밍웨이와 같은 습관(활력이 남았는데도 다음 날 일할 것이 있다면 작업을 멈춘다)을 가졌는지 대해서는 알려진 바가 없습니다. 하지만 이렇게 규칙적으로 일한 것으로 봐서는 아마도 그러리라 추측합니다. 중요한 것은 매일 한다는 것입니다. 매일 하지도 않는데 오늘은 정해진 시간이 다 되었으니 그만한다고 하면, 작업이 제대로 이루어지기 힘듭니다. 공부 못하는 학생이 자주 하는 말이 있지요. 〈시간표대로 하자, 시간이 되었으니 그만한다!〉 그런데 시간표를 매일 지켜야 한다는 약속은 지키지 않습니다.

저는 보통 오전에 시작해서 오후 두 시까지 글을 씁니다. 다른 작가와 다른 점은 열두 시에 꼭 점심을 먹는다는 것이지요. 안 먹으면 일을 못 합니다. 그렇다고 매일 쓰는 것도 아닙니다. 주 4일 정도 쓰는데 이유는 간단합니다. 별로 쓸 게 없기 때문입니다. 저도 다음 날 쓸 것을 남겨 두고 하루를 마감하면 좋겠습니다. 그렇다면 주 6일은 쓸 수 있을 것 같기도 합니다만, 그런 일은 일어나지 않습니다. 그리고 의식하지 않아도 자신의 능력을 최대한 끌어올려 작업을 합니다. 70퍼센트로 일하면, 작업이 잘 안 될 분위기입니다. 이런 실태로 볼 때 작가라는 직업이 저한테는 적합하지 않아 보입니다. 하지만 어쩔 수 없이 오늘도 쓰고 있습니다. 마칠 시간만을 기다리면서 말이죠. 아직 멀었네요. 저도 매일 조금씩 내일 할 일을 남기면서 일하는 날이 왔으면 좋겠습니다.

논리를 배워야 한다

거의 모든 사람이 수학을 싫어합니다. 반면 역사는 그래도 좋아합니다. 국어는 그 중간쯤 되는 것 같습니다. 노래를 잘하는 사람은 음악 시간이 즐겁고, 그림에 소질이 있으면 미술 시간이 기다려집니다. 글쓰기는 아마 수학과 비슷할 겁니다. 국어에 속하지만, 왠지 수학에 더 가까운 느낌이지요. 이유는 둘 다 논리를 바탕으로 하기 때문입니다.

역사는 이야기처럼 들려서 좋기는 하지만 시험 보려면 외워야 합니다. 외울 것이 많지만, 수학처럼 부담이 되지 않는 이유는 역사에는 논리가 없기 때문입니다. 역사에는 인과관계가 있을 뿐 모순을 일으키는 논리는 없습니다. 기근이 들어 나라가 망했다는 성립하지만, 기근이 들어서 나라가 망하지 않으며 안 된다는 성립하지 않습니다. 하지만 숫자는 다르지요. 2+2=4이어야만 합니다. 5나 6이 돼서는 안 됩니다. 따라서 수학은 어렵습니다. 정해진 논리를 따르지 않으면 안 되니까요. 글쓰기도 마찬가지입니다. 앞에서는 그는 악인이라고 말해 놓고 뒤에서 그는 선인이라고 말하면 안 됩니다. 평가가 바뀌었다면 왜 그런지를 반드시 설명해야 하고 설명은 논리적이어야 합니다. 그렇지 않으면 글이 성립하지 않습니다. 즉 글은 논리의 세계입니다.

그럼 논리적이라는 말은 무슨 뜻일까요? 일상에서 많이 쓰는 말이지만, 우리는 정확히는 모릅니다. 왜냐하면 논리적 훈련을 받은 적이 거의 없기 때문입니다. 전공자가 아닌 이상 고고학, 물리학이 무엇인지 말하기는 쉽지 않습니다. 왜냐하면 해보지 않으면 알기 어렵기 때문입니다. 실제로 물리학을 배워 보면 〈아, 이런 거구나〉 하고 바로 알 수 있습니다. 해보지 않으면 알기 어려운데 논리학의 경우 배운 적은 있어도(살짝 맛만 본 정도) 안다고 하기에는 부족합니다. 그럼 예를 들어 보겠습니다.

어떤 사람이 꽃을 받았습니다. 평소에 알던 사람이라고 생각합니다. 〈나를 좋아하나 보다, 좋아하지 않는데 왜 꽃을 주겠어. 따라서 나를 좋아하는 거지.〉 이렇게 생각하는 게 논리적으로 맞나요? 맞지 않습니다. 이 추론은 〈좋아하면 꽃을 준다. 그런데 나는 꽃을 받았다. 따라서 나를 좋아한다.〉 이런 식으로 진행되었습니다. 이 추론은 전형적인 후건 긍정의 오류에 속합니다. 따라서 오류입니다. 어떻습니까? 오류라고 생각되는지요?

후건 긍정의 오류는 고대 그리스에서도 유명했던 오류입

니다. 하지만 한국에서는 아직도 낯설어 보입니다. 즉 일상에 아직은 침투하지 못한 것이지요. 이런 상황에서 글이 논리적이어야 한다고 주장하는 것이 과연 무슨 의미가 있을까 하는 의구심이 듭니다. 논리적이어야 한다고 누구나 소리 높여 외치지만 정작 논리 공부는 하지 않는 것이 현실입니다. 꼭 논리적이어야 하느냐, 사람은 논리보다 마음이 우선이다, 논리만으로는 인간의 복잡한 감정을 표현하지 못한다는 주장도 심심치 않게 합니다. 일종의 변명처럼 들리지만, 많은 사람의 공감을 얻고 있습니다. 논리가 생활 속에 자리 잡기는 매우 어려워 보입니다. 하지만 시도는 계속해야겠지요.

사례를 몇 개 더 들어 보겠습니다. 셰익스피어의 작품이 얼마나 논리적인지, 따라서 논리적 구조를 이해하지 못하면 작품을 이해하는 데 심각한 지장을 초래할 수 있다는 점을 보이고자 합니다. 아래의 예들은 전에 제가 쓴 책에서 가져온 것입니다(책 소개나 광고를 겸하고 있습니다. 이해해 주시기 바랍니다). 우선 햄릿의 유명한 구절을 보겠습니다. 햄릿이 〈To be, or not to be — that is the question〉이라고 말합니다. 〈죽느냐, 사느냐 그것이 문제로다〉라는 대사로 유명합니다. 하지만 번역이 이상합니다. 아마도 정확한 번역은 〈이대로냐, 아니냐 그것이 문제로다〉가 맞을 겁니다. 왜냐하면 to be에 해당하는 구절은 〈난폭한 운명의 돌팔매와 화살을 맞을 것인가〉를 가리키기 때문입니다. 즉 어머니와 작은아버지가 음모를 꾸며 아버지를 살해하고 왕위를 빼앗은 것을 알면서도 이대로 있을 것인가 하는 뜻입니다. 즉 그런 사실을 알고 지내는 것은 세상의 비웃음과 경멸을 견디는 것이지요. 돌팔매와 화살을 맞는 것입니다. 그 반대가 not to be 즉 이대로 있지 않는 것입니다. 그런 사실을 알고 가만있을 수는 없다, 아버지의 원수를 갚기 위해 작은아버지와 어머니를 죽여야 한다, 즉 〈무기를 들고 고해와 맞서 싸우다가 끝장을 내는 것〉을 의미합니다.

햄릿의 이 대사는 전형적인 딜레마입니다. 즉 그냥 이대로 지내거나 이대로 지내지 않는다. 그런데 그냥 이대로 지내면, 세상의 경멸을 참고 견뎌야 하는데 고통이다. 반대로 이대로 지내지 않는다면, 어머니에게 죄를 물어야 하기에 고통이다. 따라서 어느 쪽을 택하든, 고통이다. 이런 논리식입니다. 딜레마를 해결하기 위해서는 제3의 안을 제시하거나 어느 한쪽을 무력하게 만들어야 하는데, 햄릿은 머뭇거리고 고뇌하다 어느 것도 하지 않습니다. 그 결과 왕, 왕비, 자신이 사랑하는 여인, 그 여인의 아버지 그리고 자신까지도 죽음을 맞습니다. 비극이지요. 작품 「햄릿」의 비극은 논리적 구조에서 비롯된 비극이기도 합니다. 이런 딜레마를 셰익스피어는 잘 알고 있었던 것으로 보입니다. 왜냐하면 이 딜레마는 고대 그리스에서 이미 사용하고 있었고, 셰익스피어의 다른 작품에도 논리적 구조나 논법이 자주 등장하기 때문입니다. 「오셀로」나 「맥베스」에서도 볼 수 있습니다. 그는 논리적 구조를 작품의 뼈대로 삼아 작업했던 것으로 보입니다. 아주 오래전에 개발된 논리식을 그가 작품에 활용했다는 것은 전혀 이상하지 않습니다.

『춘향전』에서도 논리식을 찾을 수 있습니다. 변 사또가 춘향에게 수청을 들라 했으나 춘향이 거절하고 그리하여 춘향이 곤장을 맞게 됩니다. 당시는 관에 등록된 기생은 수청을 드는 것이 법도였습니다. 그리고 춘향은 등록된 기생이었습니다. 따라서 변 사또의 명령은 부당하지 않습니다. 이것은 긍정식을 통해 입증됩니다. 그런데 춘향은 자신이 기생임을 부인합니다. 만약 춘향이 기생이 아니라면, 변 사또의 명령은 부당한 것이 됩니다. 하지만 당시 법에 따르면, 춘향은 기생이 맞습니다. 조선 시대에는 부모 중 한 사람이라도 양반이 아니라면, 자식은 양반이 될 수 없었습니다. 그런데 춘향의 모친은 양반이 아니었습니다. 따라서 춘향이는 양반이 아닙니다. 즉 연언이라는 겁니다. 두 개의 명제 모두 참이어야만 참이라는 것이지요. 즉 잘생기고 돈이 많아야 한다는 조건이라면 잘생기기만 하고 돈이 없다면 거짓이라는 겁니다. 두 가지 모두 만족시켜야 참이 된다는 겁니다. 사태가 불리해지자 춘향이는 자신이 기생이라고 치자고 합니다. 정면 돌파를 시도한 것이지요. 그러고는 기생이지만 열녀가 된 사례를 제시합니다. 즉 귀납법을 택한 것이지요. 이 귀납법에 당황한 사또는 논리적으로 대응하지 못하고, 〈매우 쳐라〉를 외치는데 논리적 패배를 선언한 것과 다름없습니다. 『춘향전』의 저자는 논리 교육을 제대로 받지 못한 것으로 보입니다. 하지만 인간이라면 누구나 추론을 하기에 자신도 모르게 자연적 연역을 한 게 아닐까 합니다.

논리는 우리 생활과 너무 멀리 있습니다. 입으로는 논리적이라고 말하지만, 정작 논리를 배우려고 하지는 않습니다. 논리를 말하는 사람은 따지려 드는 사람, 각박한 사람혹은 자기만 잘난 사람 취급을 받기도 합니다. 저는 우리 사회가 논리적으로 변하지 않을까 하는 기대는 거의 하지 않고 있습니다. 대학 강단이나 신문 사설, 텔레비전 토론, 책에서도 논리보다는 감정이 우선하고 있습니다. 논리적으로 따지는 문화가 아닙니다. 공감하고 정을 나누는 문화라고 이야기하지만, 실제로는 진영 논리, 목소리 크기, 우기기, 조롱, 감정 호소가 더 효과가 있는 것이 사실입니다.

논리는 셈과 똑같다고 저는 오래전부터 말해 왔습니다.

가게에 물건을 사러 갔습니다. 우유를 손에 들고, 얼마인지 물어봅니다. 880원이라고 합니다. 1,000원짜리를 냅니다. 그런데 두 사람 모두 멈추고 서로를 쳐다봅니다. 둘 다 셈을 못 하기 때문입니다. 물론 계산기가 있거나 카드로 계산한다면 문제를 해결할 수도 있겠지만, 그렇지 않다면 서로 난감하겠지요. 거스름돈을 주어야 하는지 아니면 더 받아야 하는지. 둘 중 한 사람만 셈을 할 줄 알아도 난감하기는 마찬가지입니다. 어떻게 상대를 믿을 수 있을까요? 처음 보는 사이인데. 그것도 돈이 왔다 갔다 하는 문제에서 상대방을 믿기는 쉽지 않을 겁니다. 역시 가장 좋은 방법은 둘 다 셈을 할 줄 아는 것이겠지요. 그럼 확인할 수 있어, 거래는 간단하고 쉬울 겁니다. 계산이 잘못되어도 서로 정정하면 되니까요. 논리도 마찬가지입니다. 서로 생각 교환을 하는데 참여자 모두 논리를 알고 있다면, 의사소통이 훨씬 편하겠지요. 거래에 참여하는 사람 모두가 셈을 할 줄 알면 편한 것과 같은 이치입니다.

앞에 나온 꽃 이야기가 그렇습니다. 일상에서 흔히 하는 이야기인데, 이런 이야기를 듣고 한 사람이 그건 후건 긍정의 오류야, 라고 말하면 어떻게 될까요? 후건 긍정의 오류란 말을 처음 듣거나 잘 모르는 사람이 듣는다면, 분위기가 유쾌하지는 않을 겁니다. 〈무시하냐? 어려운 말 쓰지 마라〉

는 반응까지도 예상할 수 있습니다. 아니면 설명해 달라고 할 수도 있겠지요. 하지만 설명을 해줘도 한 번에 이해하기는 쉽지 않아서 별 효과가 없을 겁니다. 그리고 이상하지요. 갑자기 아무리 기초 논리식이라 해도 그 자리에서 설명하는 것이. 차라리 그런 표현을 하지 않는 것이 현실적으로는 나을지도 모릅니다. 참여자 모두 알기 전에는 반감만 살 뿐입니다.

현실은 어려워도 그냥 논리학 공부를 시작해야 한다고 생각합니다. 기초 논리학이면 충분하니 공부량이 많다고는 볼 수 없습니다. 물론 처음 시작하는 사람에게는 많은 양입니다. 아마도 몇 년을 해도 잘 안 될 수도 있습니다. 하지만 셈을 하지 못하면 일상생활에 지장이 많고 글을 익히지 못하면 사는 데 참으로 불편합니다. 따라서 몇 년이 걸려도 글을 배우고 셈을 익히는 것이지요. 그와 같은 노력을 해야 합니다. 나눗셈, 분수 배울 때 누구나 고생합니다. 처음 익히는 것이고 또 잘 안 되기 때문입니다. 하지만 해내야지요. 해냈으니까 지금 사회는 누구나 셈을 하는 것입니다. 마찬가지로 기초 논리학을 배우고 익혀야 합니다. 시간이 걸리고 낯설고 어렵고 힘든 일입니다. 하지만 더 나은 사회를 위해서는 어쩔 수 없습니다. 모두 논리학을 익혀 사고 교환이 원활하고 정확했으면 좋겠습니다.

논증 만들기

논리학이 취약한 우리나라에서는 글이란 보통 서론, 본론, 결론으로 구성됩니다. 이런 구성에는 서론과 결론이 거의 같지요. 아니면 기승전결이란 형식을 취하는데 이 형식은 옛날 시를 짓는 형식에서 가져온 것이라고 합니다. 우리가 보통 글이라고 한다면, 소설이나 시 등 문학 작품 또는 에세이를 말합니다. 여기서 에세이는 자기 생각을 허구에 토대하지 않고 쓰는 것이지요. 붓 가는 대로 쓴다는 수필과는 다릅니다. 즉 에세이는 논증을 제시하는 반면, 수필은 뚜렷한 논증을 제시하는 게 아니라 자기 생각이나 감정을 풀어내는 것입니다. 즉 논증은 근거를 갖고 주장함으로써 남을 설득하려 하는 데 반해, 수필은 공감을 더 중시합니다.

사람들은 흔히 많이 쓰면 글이 는다고 합니다. 어느 정도는 맞습니다. 글쓰기도 학습이니 많이 해본 사람이 아무래도 잘할 확률이 높지 않겠습니까. 하지만 앞의 공부법에서도 나왔듯이 요령 없이 열심히 시간만 많이 들인다고 공부를 잘하는 것은 아닙니다. 마찬가지로 요령이나 원칙을 모르거나 무시한 채 글을 많이 써도 좀처럼 글은 늘지 않습니다. 그 요령이나 원칙의 중심이 논증입니다. 즉 좋은 논증을 제시하는 것을 기준으로 삼고 글쓰기에 임해야 합니다. 예를 들어, 아무개가 유명하다고 주장하려 합니다. 아무리 유명하다고 반복해서 외쳐도 남을 설득하지는 못합니다. 근거를 대야지요. 그러면 근거를 제시할 겁니다. 〈텔레비전에 자주 나온다. 주위 사람에게 물어보면 그 사람을 안다.〉 이런 근거를 제시하고는 〈봐라, 유명하지 않은가?〉 이렇게 말할 수 있겠지요. 과연 그럴까요? 검토해야 합니다. 우선은 근거가 모두 사실인가를 따져봐야 합니다. 실제로 텔레비전에 출연한 적이 있었는지, 있었다면 몇 번 정도인지, 그리고 주위 사람에게도 물어봐야 하겠지요. 모두 확인해 보니 사실이라면, 이런 사실이 주장을 받아들일 정도로 충분하지를 생각해 봐야 합니다.

어떻습니까? 여러분 생각에는 이 정도면 유명하다고 할 수 있나요. 아마 썩 내키지는 않을 겁니다. 주장을 받아들이기에는 충분하지 않은 것이지요. 뭔가 빠진 느낌입니다. 아마도 요즘 가장 확실한 증거라고 여기는 인터넷 검색에 어느 정도 분량으로 나오는지 더 알아보고 싶을 겁니다. 요즘 유명한 사람은 검색해 보면 인물 정보가 많이 제공됩니다. 사진은 물론 경력, 학력, 관련 동향 뉴스 등을 제공합니다. 많을수록 자세할수록 유명 인사라고 보는 게 일반적입니다. 따라서 텔레비전에 자주 나오고 주위 사람들이 알고 있다고 해도 검색에서 정보가 제공되지 않으면, 유명하다고 말하기는 주저됩니다. 유명한가를 판단할 때 다른 것이 없어도 검색 결과만 놓고도 주장의 설득력을 판단할 수 있다면, 그것으로 충분한 것이지요.

물론 반론의 가능성도 염두에 두어야 합니다. 가령 이 경우 검색 결과가 충분하다고 할 때 어떤 반론이 가능할까요? 혹시 조작이 가능한 것은 아닌지, 아니면 거짓 정보가 아닌지를 되물을 수 있겠지요. 경력이나 학력 혹은 재산 상태를 조작하여 유명해진 예도 있으니까요. 그러면 검색 엔진의 신뢰도가 문제가 될 것이고, 그 신뢰도에 관하여 다시 논증이 필요할 수 있습니다. 어쨌든 논증을 받아들이기 위해서는 근거의 사실 여부, 제시된 근거가 충분한가, 예상할 수 있는 반박을 미리 잠재울 수 있는가 그리고 논리적으로 타당한가를 따져야 한다는 것입니다. 보기보다 복잡하고 쉽지 않은 과제입니다.

논증 만드는 일에는 많은 연습이 필요합니다. 우선 개념부터 익숙하지 않고 논리식이 타당한지를 따지는 일도 어렵고, 좋은 논증의 조건을 익히기도 쉽지 않기 때문입니다. 하지만 피할 수는 없습니다. 왜냐하면 논증을 모르면서 아무리 많이 글을 써봐도 늘지 않기 때문입니다. 기준을 알아야 그 기준에 맞추기 위한 노력이 성과를 거둘 수 있다는 것은 두말할 필요가 없을 겁니다.

말하는 것처럼 글을 써서는 안 되는 이유가 여기에 있습니다. 말할 때 우리는 근거를 제시하지만, 근거가 충분한지 사실인지 논리적으로 타당한지 그리고 반박을 예상하고 잠재우는지를 알기 쉽지 않습니다. 때때로 감정이 끼어들고, 말문이 막히면 갑자기 화제를 전환하고 주제와는 관계없는 이야기로 빠집니다. 그랬다가 다시 개인적인 사정에 호소하면서 사람들의 감정을 동요시키려 합니다. 즉 말은 글과는 달리 이성적인 논증보다는 감정에 호소하는 쪽입니다. 말하는 것처럼 글을 쓰면 이성적이지 않게 됩니다. 즉 논증을 구성하지 못한다는 것이지요. 하지만 방법이 있습니다. 논증을 말로 풀어서 하는 훈련을 하면 됩니다. 말을 하는데 그것이 논증의 전개이면 아무런 문제가 없을 겁니다. 오히려 논리적이라는 평가를 듣겠지요. 하지만 이렇게 되려면 얼마나 많은 연습과 훈련을 해야겠습니까. 재미있고 쉬운 방법은 글쓰기에도 말하기에도 없습니다.

쓸 게 있어야 한다

간단한 생일 축하 카드도 쓰기가 쉽지 않습니다. 생일 축하한다는 말 말고도 무언가 더 써야 할 것 같은데 그 쓸 말이 잘 떠오르지 않는 것이지요. 어디 생일 축하 카드뿐이겠습니까. 어버이날, 크리스마스, 입학, 졸업, 승진 등 많은 행사가 있지 않습니까. 그래도 짧은 몇 마디를 쓰는 경우는 좀 낫지요. 학교 과제나 논술, 입사 시험, 보고서 등 평가가 뒤따르는 글쓰기는 매우 힘듭니다. 과제를 받았을 때, 가장 힘든 이유 중 하나는 아마도 쓸 게 별로 없기 때문일 겁니다. 기후 변화에 관해 써야 할 경우, 별로 하고픈 말도 없고 아는 바가 거의 없어 쓸 게 없다면 힘들어지는 것은 당연합니다. 하지만 사랑 고백 편지를 쓴다면 이야기는 달라지겠지요. 쓸 것이 확실하고 쓸 필요도 분명하고 게다가 쓰고픈 마음도 가득합니다. 돈을 빌려 달라는 편지를 쓸 때도 마찬가지일 겁니다. 절박함이 넘치고 쓸 내용은 분명하고 써야 할 이유도 분명하기에 어떻게든 쓸 겁니다. 물론 쉽지는 않겠지만 기후 변화처럼 쓸 것도, 쓸 마음도 없는 경우보다는 훨씬 낫겠지요.

그럼 언제나 쓸 게 있다면 글쓰기는 한결 수월하지 않을까요? 어떤 문제를 요구해도 항상 쓸거리가 있다면 별로 고민할 게 없을 겁니다. 요즘은 이런 시대이지요. 대중문화부터 정치적 문제까지 온갖 것이 화두에 오릅니다. 한순간도 방심하지 못할 정도로 문제가 발생하고 그 문제에 대한 의견을 요구받는 시대입니다. 그러니 책도 봐야 하고 텔레비전도 봐야 하고 인터넷도 봐야 합니다. 봐야 할 것이 많은 시대입니다. 하지만 어쩔 수 없습니다. 부지런히 채널을 가동해 쓸거리를 수집해야 합니다.

그런데 사적인 영역에서는 어떤가요? 사람들이 흔히 일기를 쓰라고 합니다. 하루하루 생각을 정리하기에도 좋고 꾸준히 쓰면 글쓰기에도 도움이 될 뿐 아니라, 생각도 커진다고 합니다. 그럴 것으로 생각합니다. 하지만 실천은 어렵습니다. 저는 일기를 써본 적이 거의 없습니다. 학교 방학 과제로 나와도 몰아 쓰기를 기본으로 삼았을 정도이니까요. 딱히 기록할 만한 특별한 일이 없는 날이 대부분이었고, 제가 글쓰기 자체를 귀찮아했기 때문입니다. 하지만 작가들을 보면 일기를 쓰는 사람이 많습니다. 오에 겐자부로는 일기를 계속 쓰는데, 어느 정도 기간이 지나면 태운다고 합니다. 자신은 소설과 에세이만으로도 너무 많이 썼기에 남은 것도 모두 태워 버린다고 하더군요. 소설가 카프카도 한 권으로 엮어 출간된 일기를 갖고 있습니다. 그의 일기는 하루하루를 기록했다기보다는 생각의 단상을 기록한 것으로 보입니다. 그의 소설보다 더 재미있습니다. 아니 소설보다 생생합니다. 이런 식의 일기라면 일기보다는 단상 모음집에 가까울 것으로 생각합니다. 저도 이런 식의 일기는 쓸 수 있지 않을까? 잠깐 생각해 보았지만, 역시 아니라고 여겼습니다. 저에게는 거의 매일 쓸 만한 단상이 없기 때문입니다.

다른 사람들의 지식을 흡수하기에도 바쁘기 때문입니다.

편지도 사적인 영역입니다. 예전 작가들은 절실함이나 일 때문에 주로 썼는데, 저는 편지도 거의 안 씁니다. 뭐 특별히 쓸 대상도 쓸 문제도 갖고 있지 못합니다. 하지만 작가들의 편지를 보면 이 역시 핑계에 지나지 않음을 알 수 있습니다. 작가들의 편지는 방대하기 때문입니다. 어떻게 저렇게 많이 쓸 수가 있지? 도대체 그런 에너지는 어디서 나오는 걸까? 하는 의문이 들 정도입니다. 시인 로버트 프로스트는 약 1,500쪽에 달하는 편지를 남겼고, 사무엘 베케트는 2,500쪽에 이릅니다. 카프카도 만만치 않아서 네 권으로 엮은 서간집을 남겼는데, 아버지, 친구, 연인 등에게 쓴 것입니다. 조지 오웰의 서간집에서 제가 제일 재밌어하는 것은 그가 아홉 살에 어머니에게 쓴 편지입니다. 철자가 맞지 않고 두서없는 전개가 어린아이라는 사실을 고스란히 드러내고 있기 때문입니다. 어린 시절의 편지는 뛰어난 작가도 피할 수 없는 미숙함이 있어 좋습니다.

철학자 비트겐슈타인의 편지도 상당한 양입니다. 초기에는 러셀과 주고받는 편지가 대부분이었지만 점차 경제학자 존 메이너드 케인스를 비롯한 주변 인물이, 말년에는 철학자 노먼 맬컴을 비롯한 제자들이 등장하는 교신입니다. 그의 철학은 난해하지만, 편지에 담긴 내용은 철학책보다는 읽기 편합니다. 1919년에 케인스에게 보낸 편지에서 그는 자신의 책 『논리철학논고』를 러셀이 이해하기는 어려울 거라고 말합니다.

일기든 편지든 억지로는 쓸 수 없습니다. 생각이 있어야 하고 쓰고자 하는 열정이 있어야 하고 실제로 써야 합니다. 저는 어느 것도 갖고 있지 못합니다. 겨우겨우 있는 생각 짜내서 근근이 책을 쓰고 있습니다. 그래서 작가들의 편지나 일기를 즐겨 읽는지도 모르겠습니다. 제가 자신의 일기나 편지를 자주 쓴다면, 남의 편지를 그렇게 들여다볼 것 같지는 않습니다. 글을 쓰려면 역시 쓰고픈 것이 있어야 하는 것이 먼저입니다. 있는지 없는지는 평소에 어떤 글이든 쓰는지를 보면 알 수 있습니다. 메모든 카드든 일기든 무엇인가 거의 매일 쓰고 있다면, 원래 글을 쓰는 사람입니다. 작가를 해도 좋을 겁니다. 그렇지 않고 어쩔 수 없이 쓰는 사람은 아마추어입니다. 아마추어라도 요구가 있으면 글을 써야 하기에 평소에 이것저것 읽고 생각하면서 정리해 두지 않으면 역시 곤란합니다.

13 말하기의 기술

— 또는 말하지 말 때를 아는 기술

말하지 않을 때를 아는 것이 가장 중요

　말하기에서 가장 중요한 점을 꼽으라면 저는 말하지 않을 때를 아는 것이라고 하겠습니다. 즉 어느 때 어느 장소 어떤 분위기에서 말을 하지 말아야 하는가를 먼저 배워야 한다는 겁니다. 이것을 배우지 않고 말 잘하는 법부터 배우면 생각지 못한 시련을 겪게 됩니다. 말을 잘한 것 같은데 이상하게 분위기가 싸해지고 후에 욕을 먹게 되는 것이지요. 본인은 자기 말솜씨에 자신 있고 할 말을 했다고 여기지만, 돌아오는 것은 비난뿐인 경우도 많습니다. 혼자 잘난체한다고요.

　왜 말해서는 안 될 때를 판단해야만 할까요? 단도직입적으로 그것은 인간관계가 평등하지 않기 때문입니다. 고대 그리스에서 자유는 평등에 기반한다고 여겼습니다. 즉 모인 사람들이 평등할 때에만 자유가 있다는 겁니다. 예를 들어, 영화에 등장하는 조직 폭력배 사회를 봅시다. 여러 사람이 한자리에 모여 있습니다. 상대 조직의 보스가 찾아와 이야기를 나눕니다. 이때 이쪽의 중간 보스가 중간에 끼어들어 자신의 의견을 말합니다. 그 이야기가 일리 있습니다. 하지만 바로 불호령이 떨어집니다. 네가 끼어들 자리가 아니라고. 그곳에 모인 사람들은 평등한 관계가 아닙니다. 그 자리가 아무 때나 누구나 말할 수 있는 학급 토론장도 아니고요. 따라서 권력 관계를 잘 파악해야 합니다. 집안에서도 이런 일은 있습니다. 동네 어른이 찾아온 경우 아이가 끼어들면, 귀엽다는 이야기를 들을 수도 있지만 어른들 이야기에 함부로 끼어들지 말라는 주의를 받을 수도 있고, 버릇없다는 말을 들을 수도 있습니다.

요즘은 옛날과 달리 말하기를 권장하고 있습니다. 예전에는 아이들에게 발언권이 없었습니다. 신입사원한테도 발언권이 없었고 새로 전입해 온 주민에게도 없었습니다. 눈치를 보면서 알아서 할 뿐 적극적으로 자기 생각을 말하면 건방지다는 평을 받았습니다. 그에 반해 요즘에는 아무리 신입사원이라도 자기 할 말은 하는 문화입니다. 즉 평등 문화가 시작된 것이지요. 따라서 당돌하게 말합니다. 하지만 위에서도 말한 바와 같이 인간관계에 평등은 존재하지 않습니다. 부모와 자식, 형제 사이, 친구 사이는 다른 관계보다 평등한 것이 사실이지만, 그래도 침묵해야 할 때가 있습니다.

말을 해야 할지 아닐지 망설일 때가 있습니다. 그런 고민을 한다는 것 자체가 바로 하지 않는 게 좋다는 증거입니다. 해도 되는 자리라면 그런 고민이 아예 필요 없었겠지요. 뭔가 자유롭지 않은 분위기라고 느껴지는 자리에서는 침묵하는 게 좋습니다. 즉 뭔가 불편하다, 눈치가 보인다, 어색하다고 느껴지면 평등하지 않은 자리이므로 조심해야 합니다. 일단 침묵을 지켜야 합니다. 그런데 당신 의견을 말해 보라고, 어떻게 생각하느냐고 어떤 사람이 물어 온다면, 그래도 일단 사양해야 합니다. 말하지 않는 편이 좋습니다. 그런 경우는 보통 자기 편 지지자를 한 명이라도 더 확보하려는 속셈이 있는 겁니다. 그 자리에서는 뭐라고 발언해도 즉시 적이 생기기 십상입니다. 따라서 처음 아니라고 판단했으면, 끝까지 침묵하는 편이 좋습니다.

말을 할까 말까를 판단하는 것이 말하기의 90퍼센트는 차지한다고 저는 생각합니다. 그리고 대부분은 침묵이 더 낫다고 여깁니다. 자신이 나서서 말을 해야 할 경우는 사실 별로 없습니다. 업무적인 일, 사회적 의식 등이 여기에 해당하는데, 이 경우엔 반드시 말을 해야 하므로 처음부터 고민이 필요 없습니다. 오히려 어떻게 말을 할까를 고민하겠지요. 요즘 〈안물안궁〉이라는 말이 있더군요. 안 물어봤고 안 궁금하다는 뜻이라는데 이 시대를 잘 나타낸다는 생각이 듭니다. 실제로 물어보지도 않았고 궁금하지도 않은데 자꾸 말을 걸거나 이야기를 계속하면 짜증이 나겠지요. 보통 사람들은 남의 일에 관심이 없습니다. 자기 살기도 바쁜데 남에게 관심을 줄 여유가 없는 것이지요. 또 〈할많하않〉이라는 말도 있더군요. 할 말은 많아도 하지 않겠다는 뜻이라고 하는데 이 역시 지금 분위기와 잘 맞아 보입니다. 할 말은 많아도 하지 않는 편이 여러모로 좋습니다.

결론부터 말하라

토론 프로그램을 보면 답답한 사람이 꽤 있습니다. 논점에서 벗어난 이야기를 하는 사람들이 특히 그러하지요. 무슨 말을 하고자 하는지 한참을 기다려야 하는 사람도 지루합니다. 어떤 문제에 관해 물어보면, 〈동의한다〉거나 〈그렇지 않다〉고 첫머리에 입장을 밝히지 않는 경우입니다. 한참 그들은 자신의 의견을 말합니다. 사회자가 듣다못해 제지하고 다시 묻습니다. 〈그래서 어떻게 생각하시는지요?〉〈이건에 대해 동의하시는 건가요?〉 이렇게 재차 물어도, 답을 하지 않고 자신이 준비해 온 것을 그대로 말합니다. 도중에 끊기면 안 된다는 의지를 다시 보여 주는 것이지요. 그리고 결국 준비한 것을 다 말합니다. 문제는 끝까지 들어도 무슨 말을 하려 했는지 알기 어렵다는 겁니다.

토론을 할 때는 먼저 결론부터 말하고 시작해야 합니다. 토론은 언제나 논쟁의 장입니다. 즉 다툴 문제가 항상 있다는 것이지요. 〈기후 변화가 실제로 일어나고 있다고 생각하는가? 아니면 기후 변화는 선진국의 이데올로기인가?〉라는 문제로 토론한다고 합시다. 이런 문제라면 〈그렇다〉, 〈아니다〉, 〈아직 알 수 없다〉 세 가지 외에는 선택지가 없어 보입니다. 어떤 입장을 취하든, 토론이 원활하게 진행되고 성과가 있으려면 토론자들이 결론부터 말하고 그 근거를 제시해야 합니다. 즉 〈나는 이데올로기라고 생각한다.〉 이렇게 먼저 결론을 말하고 〈그 이유는〉 하고는 몇 가지 근거를 대면 됩니다. 이렇게 하지 않고 기승전결이나 서론, 본론, 결론 형식을 취하면 골치 아파지는 것이지요. 기나 승, 서론을 말하는 데 시간이 다 가고 토론은 흥미를 잃게 됩니다. 긴장감도 떨어지니 내용 전달이 용이하지 않습니다.

결론부터 말하는 방식은 논증을 토론 형식으로 변형시킨 겁니다. 즉 논증은 근거를 제시한 후 결론을 도출합니다만, 토론에서는 이 논증을 실전에 활용하는 것이니 먼저 결론

13　　　　　　　　　　　　　　　　　　　　　　　말하기의 기술　**273**

을 말한 후 근거를 제시하는 겁니다. 순서만 바뀌었을 뿐 논증을 기본으로 한다는 사실에는 변함이 없습니다. 다시 말해서, 논증에 능통한 사람이 토론에 능할 가능성이 매우 크다는 겁니다. 논증을 자유자재로 구사할 수 있다면, 토론을 잘할 확률이 매우 높아지는 것이지요. 여기에서 자유자재란 즉석에서 논증을 만드는 능력을 뜻합니다. 토론에서 보통 논의거리는 사전에 공개합니다. 준비해 올 수는 있지만, 그렇다고 토론 중에 제기되는 문제들을 일일이 준비하기란 불가능합니다. 그런 시시콜콜한 문제들이 계속 나오는 것이 토론입니다. 정해진 대사를 서로 주고받는 연기가 아닌 이상, 피할 수 없습니다. 따라서 즉석에서 가장 효과적인 논증을 만들 수 있어야 합니다.

논증 능력이란 단순히 논증을 구성하는 것, 즉 근거와 결론을 만드는 것 말고도 이 논증이 좋은가를 검토하는 능력도 포함합니다. 즉 근거가 사실인가, 이것으로 충분한가, 논리적으로는 이상이 없는가를 살피고, 상대가 반론을 편다면 이를 잠재울 수 있는지도 검토할 수 있어야 합니다. 보기에도 쉽지 않습니다. 이런 능력이 하루 이틀에 생길 리 만무합니다. 역시 평소에 꾸준히 논증을 만들어 보고 논리학을 익히는 것 말고는 다른 방법은 없어 보입니다.

논증 능력을 키우게 되면, 토론 과정에서 말이 짧아지는 이점이 있습니다. 군더더기가 없다는 겁니다. 결론과 근거, 딱 뼈대만 말하게 되니 자연히 내용이 명쾌합니다. 말이 짧다는 것은 전달에도 효과적이지만 또 다른 장점도 있습니다. 바로 실수를 줄여 줍니다.

짧게 하라

강연에서 청중이 가장 좋아하는 말은 〈이제 마치겠습니다〉입니다. 아무리 강연이 마음에 들어도 역시 앉아서 남의 이야기를 일방적으로 듣는 것은 힘듭니다. 영화 감상이나 콘서트 관람과는 아무래도 다르지요. 강연이 길어지면 집중력이 떨어져서 나중에는 무슨 말을 들었는지조차 기억 못 하는 수가 있습니다(앞에서 언급했지만, 사람은 보통 20분 정도 집중할 수 있습니다). 따라서 특히 강연은 짧게 해야 합니다.

그런데 강연 시간이 정해져 있는 경우라면 곤란한 점이 있습니다. 아무래도 강연자는 시간을 채워야 하기에 짧게 하고 내려올 수 없기 때문입니다. 이럴 때 저는 내용의 뼈대는 건드리지 않고 사례를 많이 듭니다. 실제 재미난 사례를 몇 개 들려주면 청중은 좋아합니다. 어떤 때에는 사례만 기억하는 사람도 있습니다. 그래도 시간이 남는다면 청중의 질문을 받습니다. 가수가 공연할 때 고음을 처리하는 기법과 비슷합니다. 슬쩍 관객에게 마이크를 넘기는 것이지요. 이렇게 하면 큰 실수 없이 시간을 채울 수 있습니다.

그런데 말을 짧게 하는 것이 좋은 더 큰 이유는 실수를 줄일 수 있기 때문입니다. 말은 글과 달라서 고칠 수 없습니다. 〈아차, 제가 실수했네요. 조금 전의 말은 취소하겠습니다〉 하고 번복해도 뱉은 말이 없어지지 않습니다. 오히려 본심이 나왔다고 생각합니다. 글은 시간을 두고 고쳐 쓰기를 할 수 있습니다. 즉 다시 생각해 볼 기회와 시간이 있다는 겁니다. 따라서 문제가 될 만한 것을 미리 골라낼 수 있습니다. 자신이 찾기 어렵다면, 남에게 의뢰할 수도 있습니다. 충분한 시간을 두고 고쳐 쓰기를 거듭하기에 아무래도 실수할 확률은 낮습니다(실수가 아니라면 자신의 소신이겠지요).

하지만 말하기는 교정 시간이 없습니다. 물론 말하기 전에 생각하겠지만, 사전에 쓴 원고를 읽는 것이 아니라면 언제나 위험이 도사리고 있습니다. 심하게 말하면, 뇌를 거치지 않고 말하는 경우가 있다는 겁니다. 도대체 무슨 생각으로 그런 말을 했느냐는 질책을 받는 경우이지요. 한 번 말을 하면, 그것으로 끝이라고 봐야 합니다. 말을 적게, 짧게 할수록 실수 확률을 줄일 수 있겠지요.

실수를 줄이는 다른 방법 하나는 준비한 말만 하는 것입니다. 보통 실수는 분위기에 취했거나 감정이 고조되었을 때 나오기 때문입니다. 가족이나 친구들과 만나 허심탄회하게 또 허물없이 이야기하는 때에는 실수가 용납될 수 있습니다. 어느 정도의 실수는 서로 문제 삼지 않는 정도의 신뢰가 있는 사이니까요. 하지만 사회적 관계는 그렇지 않습니다. 아무리 사석에서의 대화라 할지라도 상대방이 어떻게 받아들일지 알 수 없기 때문입니다. 농담으로 한 이야기를 진지하게 받아들이는 경우도 있고 개인적인 선호를 말했을 뿐인데 사회적 의미를 부여하는 경우도 있기 때문입니다. 따라서 사회적 관계에서 발언할 때는 먼저 생각하고 가야 합니다. 어디까지 이야기한다, 어느 이야기는 해서는 안 된다는 식으로 말입니다. 어떤 사람은 농담이나 유머도 준비해 갑니다. 왜냐하면 할 이야기만 딱 하고 말아 버리면 너무 분위기가 무거워질 가능성이 있기 때문입니다. 농담 몇 개를 준비해 간다면 훨씬 여유가 생길 겁니다. 사회성 좋은 사람으로 보일 수도 있겠고요.

물론 이런 식으로 하는 것은 부자연스럽다, 인간적이지 않다 혹은 그렇게까지 해야 하느냐고 반박할 수도 있습니다. 그런 점이 있을 겁니다. 하지만 그렇게 하는 것이 사회생활에는 더 좋습니다. 인간적이고 자연스러운 대화는 가족, 친구 등 사회적 거리가 전혀 혹은 거의 없는 사람들과 하면 됩니다. 이런 배경이 있다면, 사회적 이야기는 철저하게 준비한 것만 할 수 있을 섭니다. 단 한 번의 말실수로 인생 전체가 망가지거나 무너진 사례는 얼마든지 있습니다. 사람들은 이런 사건을 보고도 〈말실수하면 안 되겠네〉 하고 가볍게 넘어갑니다. 그래서는 곤란합니다. 사회적 관계와 사적 관계를 구분하고 그것에 맞게 준비하고 마음가짐을 달리해야 합니다. 말은 무섭습니다. 돌이킬 수 없기에 더욱 무서운 것이지요.

말꼬리를 잡지 말라

토론에서 제일 유치한 것이 말꼬리 잡기입니다. 상대방 실수나 부정확한 표현을 문제 삼을 수는 있으나 말 그대로 말꼬리를 잡고 물고 늘어지는 행위는 토론의 격을 떨어뜨리는 주범입니다. 굳이 예를 들지 않아도 자주 볼 수 있는 풍경이지요. 보통 말꼬리 잡기는 토론 내용에 자신이 없거나 토론에서 밀릴 때 많이 합니다. 가만히 놔두면 밀리고 제대로 토론해도 밀리니 최후의 방법으로 말꼬리 잡아 시간도 보내고 자신이 공격적으로 보이도록 하기 위함입니다. 이런 것도 자주 하다 보면 점점 요령이 늘어서 나중에는 아예 말꼬리 잡으러 나오는 경우도 있습니다.

상대방이 말꼬리 잡기로 나온다면, 무시하는 게 제일 좋은 전략입니다. 일일이 대응하면, 상대에 말려 자신도 말꼬리 잡는 사람이 되고 말기 때문입니다. 그렇게 되면 다른 사람 눈에는 다 같은 부류로 보이겠지요. 따라서 감정이 상하더라도 무시해야 합니다. 전혀 아랑곳하지 않고 원래대로 내용에 집중해 토론을 장악하는 게 좋습니다. 말꼬리 잡기에 말리는 이유는 감정 처리 미숙에 있습니다. 감정이 자극되면 자신도 모르게 흥분하게 되고 똑같이 갚아 주고 싶은 마음이 들기 마련이지요. 하지만 토론은 감정이 아닌 논리로 하는 겁니다. 논리로 상대를 논파해야지 유치한 감정 싸움을 하면, 승리는 없습니다. 양쪽 모두 패하는 것이지요.

토론에서 상대방의 사소한 실수는 눈감아주는 것이 자신에게 유리합니다. 지명이나 사람 이름, 연도, 통계 숫자 등을 잘못 말하는 경우가 있습니다. 이런 때 옳거니, 하면서 상대 실수를 물고 늘어지면 보기 안 좋습니다. 상대 실수를 기다렸다는 듯이 반응하는 것은 그만큼 토론에 자신이 없었음을 보여 주는 증거가 될 수 있습니다. 자신이 있다면, 여유 있게 상대 실수를 감싸주고 모른 척해 줄 수 있다는 것이지요. 한 걸음 더 나아가 〈이렇게 말씀하셨는데 혹시 실수 아닐까 합니다〉라고 말한다면, 여유 있는 태도로 점수를 따게 될 겁니다. 요점은 상대 이야기를 최대한 호의적으로 해석해야 한다는 겁니다. 〈설마 이런 뜻으로 말하지는 않았겠지요?〉, 〈아마도 이런 의미로 말씀하신 것 같습니다〉와 같은 표현으로 상대 발언을 호의적으로 해석한다는 것을 보일 필요가 있습니다. 최대한 호의적으로 해석을 해도 사실 그 발언에 문제가 많다는 인식을 주는 것이지요. 그래야 상대방이 자신의 패배를 인정할 수 있을 겁니다. 상대 약점이나 실수를 들춰내거나 잡고 늘어져서는 상대를 제압할 수 없습니다.

토론이 아닌 일상의 대화에서도 마찬가지입니다. 가족, 친구와 대화할 때 장난으로 말꼬리 잡는 사람이 있습니다. 장난도 한두 번이지 보통은 짜증으로 끝납니다. 말꼬리 잡기 시작하면 대화는 진도를 못 나갑니다. 계속 그 자리를 맴돌면서 짜증만 유발합니다. 상대방 제압이 목표가 아니더라도 기분이 나빠지는 것이지요. 기분이 나빠지면 계속 대화할 이유가 없어지고 몇 번 반복하면 아예 상대하기가 싫어지겠지요. 학교 수업에서도 말꼬리 잡는 학생이 있습니다. 계속 말꼬리를 잡으면 수업 방해가 됩니다. 다른 학생들도 짜증을 내게 되고, 그래도 계속하면 결국 혼이 납니다.

토론이든 대화든 감정을 건드리는 일은 누구에게도 도움이 되지 않습니다. 이성을 바탕으로 진행해야 합니다. 특히 토론은 논리가 중심이 되어야 생산적이겠지요. 일상 대화에서는 이성이 중심이 되는 것이 항상 바람직한 일은 아닙니다. 감정 교류가 훨씬 중요합니다. 감정을 나누는 것이 공감에서 이성보다 더 큰 비중을 차지하니까요. 하지만 말꼬리 잡기나 감정을 긁는 행위는 대화에 전혀 도움이 안 됩니다. 오히려 공감에 방해가 되지요. 상대방 실수에는 관대하고 말꼬리 잡기는 무시하는 것이 토론이나 대화에 도움이 됩니다.

권력 관계

눈을 보라, 목소리에 신뢰감이 있어야 한다, 웃는 얼굴이 더 낫다, 발을 까닥거리지 말라, 턱을 괴는 것은 좋은 인상을 줄 수 없다, 말하기보다는 들어라, 대화는 듣기이다, 상대방의 마음을 먼저 헤아리려, 여유를 가져라……. 말하기에 대한 조언은 많이 있습니다. 물론 대개 맞는 조언들입니다. 하지만 중요한 것이 빠졌습니다. 바로 말하기는 권력 관계, 다른 말로는 실력 관계라는 사실입니다. 사장이 아무리 말 못 하고 태도에 문제가 많아도 사장의 한마디 한마디는 의미가 있습니다. 심지어 〈어〉 다르고 〈아〉 다릅니다. 누구를 먼저 호명했는지조차 문제가 됩니다. 어떤 단어를 썼는지도 해석이 따르지요. 비단 직장에서만 국한되는 이야기는 아닙니다. 어떤 조직이든 권력자의 말은 힘이 있습니다. 말하는 사람이 장(長)이라면, 그가 상대방 눈을 보고 말했는지는 전혀 중요하지 않습니다. 한마디의 말에도 무게가 실립니다. 아무리 작게 이야기해도 다 알아들으며, 사투리를 심하게 써도 물론 다 알아듣습니다. 아마 생소한 외국어로 해도 권력자의 말은 알아들을 겁니다.

앞의 말하기 태도는 실제로는 을의 태도입니다. 갑은 그런 것에 신경 안 쓰는 것이 현실입니다. 물론 그런 태도가 좋다는 것은 아닙니다. 하지만 현실을 말하자면, 힘이 있는 사람이 대화의 주도권을 갖고 있다는 것을 인정하고 전략을 세워야만 합니다. 동등한 관계라면 앞의 충고가 훌륭합니다만, 갑을 관계라면 달라집니다. 한마디로 아쉬운 사람이 잘 듣게 되어 있습니다. 국제 학회에서 영어를 잘한다고 해서 발표장에 사람이 많이 모이는 게 아닙니다. 실력 있는 학자가 발표하면 아무리 영어가 서툴러도 모두 열심히 듣게 되어 있습니다. 미국 대통령에게 영어가 너무 빨라서 잘 알아듣지 못하겠으니 천천히 또박또박 해달라고 누가 요구하겠습니까.

물론 현실이 갑을 관계라고 해서 항상 을의 입장에서 생각할 필요는 없습니다. 사람은 누구나 다 을인 동시에 갑이기 때문입니다. 집 밖에서는 을이지만 집 안에서는 갑일 수도 있고, 사회적으로는 을이지만 종친회에서는 갑일 수도 있습니다. 대통령도 가족 사회에선 갑이 아니겠지요. 따라서 갑이든 을이든 상관없는 태도를 마련할 필요가 있습니다. 즉 언제나 통하는 태도입니다. 저는 겸손과 예의가 그것이라고 생각합니다. 갑이든 을이든 겸손하면 큰 문제는 생기지 않습니다.

겸손은 상대방에 대한 존중입니다. 상대가 누구든 존중한다면 큰 문제가 일어나지는 않을 겁니다. 어린아이라고 할지라도 존댓말을 쓰고 의견을 존중한다면, 안전하겠지요. 그런데 겸손은 배워야 합니다. 보통은 〈그 사람은 태어나길 겸손하게 태어났어, 부모를 보면 알잖아〉라고 말하는 때가 있습니다. 성격과 유전 관계를 저는 모릅니다만, 아마도 부모를 보고 배우지 않았을까요. 자신도 모르게 아니면 의식적으로 보고 배웠을 가능성이 크다고 봅니다. 사람은 누구나 자랑하고 싶어 하지 않나요. 〈나를 알아 달라, 나는 이런 사람이다〉라고 말입니다. 겸손은 이런 마음을 누르는 훈련에서 출발합니다. 겸손을 몸에 익히는 것은 결코 쉽지 않습니다. 하지만 배워 익혀야 합니다.

예의는 때, 장소, 분위기에 맞는 행동거지입니다. 토론이나 이야기에서 예의가 없다는 말을 들으면, 내용에서는 이겨도 전체적으로는 마이너스 인상을 남기게 됩니다. 즉 맞는 말을 하는데 예의가 없다는 평가를 듣게 됩니다. 예를 들면, 남의 이야기를 중간에서 끊기, 제대로 의미 파악도 하지 못하고 비난하기, 큰소리 지르기, 윽박지르기, 욕하기, 자신만 잘났다고 으스대기, 지각하기, 손가락질하기, 인사 안 하고 안 받기 등입니다. 이런 사람을 가끔 봅니다. 그 사람이 아무리 토론을 잘해도 남는 인상은 불쾌함입니다. 태도 탓에 토론 내용이 사라집니다. 아무리 좋게 평가해도 〈똑똑한데 싸가지가 없어〉가 되겠지요. 예의를 지키는 것은 토론이나 이야기에서 기본을 하는 겁니다. 일단 기본이 되어야 다음이 있는 것이지요.

말하기는 글쓰기보다 훨씬 어렵습니다. 한번 뱉으면 주워 담을 수 없기 때문입니다. 겸손, 예의 등 여러 가지를 말했지만, 가장 중요한 것은 역시 말하지 않을 때를 아는 겁니다. 말하지 않고 있으면 자연히 듣게 됩니다. 다른 게 할 게 없지 않습니까. 그러면 다른 사람들은 잘 듣는 사람이라 판단하겠지요. 아니면 입이 무거운 사람이라고. 말을 아껴서 손해 볼 일은 별로 없습니다. 입을 다물수록 세상의 소리는 더 잘 들립니다.

사전

『논어』첫 구절은 유명합니다. 〈배우고 때때로 그것을 익히면 또한 기쁘지 않은가?[學而時習之 不亦說乎]〉라는 구절이지요. 저는 때때로가 마음에 걸렸습니다. 배운 것을 왜 때때로 익히나? 항상 익혀야 하는 것 아닌가? 〈항상〉이 아니라 〈때때로〉익힐 특별한 이유가 있는가? 이런 의문이 들었습니다. 한 번역자는 이를 의식한 듯이, 원문은 시(時)라고 하면서 가끔이나 시간 날 때의 의미로 오해하지 말라고 주석을 달았습니다. 이 문맥에서는 배운 것을 적용할 수 있는 기회가 있을 때마다 수시로 반복해서 익힌다는 뜻으로 봐야 한다고요. 이해가 갔습니다. 하지만 이 해석은 번역자의 의견일 뿐이므로, 저는 좀 더 확고한 근거가 필요했습니다. 왜냐하면 이 글이 쓰여진 건 2천 년도 더 되는 오래전이기에 의미가 변할 수 있기 때문입니다.

　그럼 당시에 시(時)는 무슨 뜻이었을까요? 한 어원사전을 보니, 원래는 태양[日]의 운행[之]이라는 의미에서 시간이란 개념이 생겼다고 합니다. 또 다른 어원사전에서는 『논어』의 이 구절을 예로 들면서, 여기서는 〈언제나〉의 뜻이라고 합니다. 저는 사전에 따라서는 〈언제나〉라는 해석이 가능할 수 있다는 정도로 이해했습니다. 즉 그렇게 해석해도 적어도 잘못은 아니라는 점을 사전에서 확인한 것이지요.

　한글 사랑을 강조하면서 늘 듣는 이야기는 일본어 잔재를 없애야 한다는 겁니다. 어렸을 때부터 들어 왔으나 일본어 잔재가 무엇인지는 잘 모릅니다. 〈다쿠안〉이 아니라 단무지라고 해야 한다는 정도입니다. 그런데 나중에 들으니 다쿠안은 승려 이름 다쿠안 소호(沢庵宗彭, 1573~1646)에서 따온 것이었습니다. 즉 고유명사이지요. 이런 식이라면 맥도날드 햄버거도 다른 이름으로 바꿔야 하지 않을까 하는 생각이 들었습니다. 그래서 일본어에서 온 우리말 사전을 들춰 보니 놀라울 정도로 많은 어휘가 일본어에서 왔다는 걸 알게 되었습니다. 야구, 야근, 애향, 액체, 야끼만두, 야만, 야성적, 야맹증, 야지, 야채, 야학, 약속 등. 두꺼운 사전으로도 모자랄 지경입니다. 그렇다면 일본어에서 온 어휘에 대해 어떻게 생각해야 하는가, 하는 문제는 제게 다른 모습으로 보입니다.

링컨의 유명한 연설문에 〈국민의, 국민에 의한, 국민을 위한 정부A Government of the People, by the People, and for the People〉라는 표현이 있습니다. 민주주의에 대한 정의로도 유명한 이 구절이 사실은 다른 사람이 먼저 한 것이고, 링컨이 아마도 거기에 영향을 받았을 것이라는 견해가 있었습니다. 그래서 인용구 사전을 보니 링컨의 이 구절에 웹스터 사전을 참고하라며 친절하게도 쪽수와 번호를 알려 줍니다. 그래서 따라가 보니 이런 구절이 나옵니다. 〈The people's government, made for the people, made by the people, and answerable to the people.〉 꽤 유사하군요. 우연은 아닌 것으로 보입니다.

중국 식당에 가니 그림이 걸려 있습니다. 소년이 코끼리 등에 타고 있습니다. 밑에 〈길상여의(吉祥如意)〉라고 적혀 있습니다. 글 뜻으로는 운수가 좋아 일이 뜻대로 이루어지기를 바란다는 내용입니다. 하지만 왜 코끼리와 소년인지는 모릅니다. 사전을 찾아봅니다. 『중국미술상징사전』인데, 길상(吉祥)은 『역경』을 보면 송축이라는 의미가 있고, 코끼리를 타는 것[騎象]은 길상과 발음이 유사하여 이런 뜻이 된다고 합니다.

혼자 공부할 때 사전이 없으면 곤란합니다. 사전이 근거를 제공하기 때문입니다. 싸가지가 표준어인지 아닌지 확인하려면 사전을 보면 됩니다. 인터넷을 검색해 볼 수도 있습니다. 하지만 종이로 된 사전이 훨씬 신뢰도가 높지요. 무엇이든 사전에 올라와 있으면 믿을 수 있는 지식이 됩니다. 물론 권위 있는 사전을 말하는 것이지요. 사전이 신뢰를 얻는 이유는 사전에 어떤 항목을 올리는 것 자체가 개인의 판단이 아니기 때문입니다. 보통은 위원회를 구성하여 당대의 지식인들이 참여하기에 사회적으로 믿을 만합니다. 즉 사전은 사회적 표준을 제공합니다. 그런데 그 표준에는 종류가 아주 많습니다.

오에 겐자부로는 자신 책 가운데 1/20은 사전이라고 합니다. 보유 장서가 최소한 1만 권이라면, 약 500권 정도가 사전이겠지요. 아마도 어학이나 어원사전이 많을 것으로 보이는데, 그는 책을 볼 때 항상 사전을 옆에 둔다고 합니다. 실제로 도움이 되기 때문이겠지요. 저는 몇 권의 사전이 있을 뿐이고 항상 옆에 두는 것은 아니지만, 그래도 종종 도움을 받습니다. 로버트 프로스트의 시를 읽을 때 사다리가 등장했습니다. 과일을 따는 장면인데 어떤 사다리인지 머릿속에 그려지지 않았습니다. 영어 사전은 한계가 있기에, 『세계만물그림사전』을 찾아봅니다. 사다리 종류가 많습니다. 다락방 사다리, 수직 사다리, 갈고리 사다리, 줄사다리

등등. 제가 찾던 것은 아마도 과수원용 사다리로 보입니다. 발판 사다리는 확실히 아닌 것 같습니다.

다른 시를 읽을 때는 그림이 아닌 어휘 사전이 도움을 줍니다. 시인 백석의 시어 분류 사전을 보면 그의 시에 등장하는 많은 시어를 찾을 수 있습니다. 〈컴컴한 고방 구석을 나와서 대멀머리에 외얏맹건을 지르터맨 늙은 제관의 손에 정갈히 몸을 씻고〉라는 구절을 보면, 해석이 쉽지 않습니다. 그의 시어 분류 사전을 보면, 〈고방〉은 광의 원말, 〈대멀머리〉는 대머리, 〈외얏맹건〉은 오얏망건, 〈지르터맨〉은 지르처매다 또는 세게 눌러 감아 매다라고 풀이가 나와 있습니다. 유용합니다. 게다가 그가 만든 말 〈비애고지〉도 소개 해 줍니다. 이 단어는 제비의 울음소리를 나타낸다고 합니다. 이쯤 되면 분류 사전 없이 백석의 시를 읽는 것은 쉽지 않아 보입니다.

사전은 지금이 아닌 옛날 풍경을 알려 주기에 소중한 면이 있습니다. 백석의 경우도 시대적으로는 1935년에서 1948년까지이고, 공간적으로는 평안북도라는 배경에 놓여 있었습니다. 지금과 사뭇 다릅니다. 따라서 그 시대 그 상황을 알려 주는 사전이 필요합니다. 그래야 그의 시를 제대로 이해할 수 있기 때문입니다. 셰익스피어도 마찬가지입니다. 몇백 년 전은 지금과는 아주 달랐겠지요. 같은 단어라도 의미는 종종 변하니까요. 셰익스피어 사전을 보면 lucky 라는 단어를 풀이하면서 주의하라고 경고합니다. 왜냐하면 이 단어는 지금은 행운의 의미로 쓰고 있지만, 당시에는 〈성공적〉이라는 뜻이었기 때문이랍니다. 『헨리 5세』란 작품에 a fair and lucky war라는 구절이 나옵니다. 요즘처럼 해석하면, 공정하고 운 좋은 전쟁이겠지만, 사전에 따르면 공정하고 성공적인 전쟁이 됩니다. 의미 차이가 큽니다. 또 『리어왕』이란 작품에 he will have to lurk, lurk라는 대사가 나옵니다. 이때 lurk는 요즘 말로는 〈나쁜 짓을 하려고 숨어 있다〉입니다. 하지만 사전에 따르면 이 단어는 당시에는 〈눈에 보이지 않는다〉는 의미였다고 합니다. 비슷해 보이지만 상당히 다른 어감이지요. 사전은 우리를 가보지 못했던 시대로 데려가 줍니다. 지금 여기의 의미를 우리는 과거에 부여하려는 경향이 있습니다. 자신도 모르게 그렇게 하지요. 그게 더 편하고, 과거는 외국과 같이 낯선 나라임을 잊고 있기 때문이겠지요. 사전은 우리를 바로잡아 줍니다.

지식을 위한 사전도 있지만, 그냥 재미를 위한 사전도 있습니다. 물론 이용자가 어떻게 활용하느냐에 달린 문제입니다. 18세기 초 일본에서 간행된 백과사전인 『화한삼재회도』는 백과사전답게 온갖 것이 다 실려 있습니다. 동식물, 가재도구, 조선 지도, 사람, 무기 등. 이 책은 조선에도 영향을 미쳤다고 하는데 저는 그저 그림만 볼 뿐입니다. 그림만 봐도 재미있습니다. 300여 년 전에는 이런 세계관을 갖고 있었다는 것을 짐작만 할 뿐인데도요. 순전히 재미로 보는 책이 또 있습니다. 바로 미술 서적입니다. 주로 미술사 같은 것인데 일종의 사전입니다. 시대별로 유명한 화가와 그의 작품이 소개됩니다. 동양, 서양, 그리고 남미와 아프리카 모두 소개되는데 재미있습니다. 물론 특별히 실용적으로 쓸 데는 없습니다. 남에게 자랑할 것도 아니고 그냥 재미로 보는 겁니다. 사전은 지식의 보고이고 재미 공장입니다. 유용하고, 손에 들면 시간 가는 줄 모릅니다. 배우는 사람은 아마도 누구나 사전과 함께 배울 겁니다.

인터넷

움베르토 에코는 한 인터뷰에서 인터넷으로 인해 지식의 부익부 빈익빈 현상이 심화될 것이라고 말했습니다. 즉 많이 아는 사람은 인터넷을 이용해 더 많은 지식을 습득할 수 있지만, 그렇지 않은 사람은 인터넷 이용에 서툴러 상대적으로 지식의 차이가 더 벌어진다는 겁니다. 저는 인터넷 이용이 서투른 쪽에 속합니다. 그래서 걱정이 큽니다. 제가 하는 인터넷이라야 일반 검색 정도입니다. 맛집은 별로 검색

하지 않지만, 그렇다고 미국이나 유럽 신문을 인터넷으로 보는 것도 아닙니다. 고대 문서 원본을 찾아보지도 않으며 인터넷을 통해 라틴어 공부도 하지 않습니다. 그야말로 보통 검색에 그치고 있지요.

대신 저는 어학 사전을 자주 검색합니다. 물론 종이 사전을 기본으로 하고 있지만, 새로운 어휘가 실리려면 시간이 걸립니다. 따라서 최근에 나온 신간이나 잡지를 읽을 때 인터넷 사전은 유용합니다. 그리고 자료를 찾을 때 인터넷은 편리합니다. 조선왕조실록의 기록을 확인해야 할 때 예전에는 무척 힘들었습니다. 번역본을 구해도 너무 방대하기에 원하는 것을 짧은 시간에 찾는 것은 어려웠습니다. 하지만 인터넷에서는 금방 찾을 수 있습니다. 국사편찬위원회의 조선왕조실록 사이트를 찾아 검색어를 입력하기만 하면 됩니다. 예전에는 자료를 찾는 시간이 지식인이나 일반인이나 별 차이가 없었습니다. 하지만 지금은 원하는 지식을 지식인은 금방 찾습니다. 남는 시간에 다른 공부를 더 할 수도 있지요. 그래서 지식이 더 많아집니다. 일반인은 예나 지금이나 별로 지식을 구하지 않습니다. 지식의 양도 크게 변화가 없습니다. 따라서 지식 격차는 날이 갈수록 커지겠지요(저도 분발해야겠습니다).

제 경우엔 전문 사이트 몇 군데를 자주 찾아갑니다. 그래

보아야 책과 관련된 사이트로 아마존(미국, 일본)이나 구글 정도입니다. 철학이 궁금하면 Stanford Encyclopedia of Philosophy, 사실을 확인하려면 www.snope.com을 봅니다. 초라하지요. 요즘 같은 디지털 시대에 빈약한 접촉입니다. 아무래도 시대 적응에 문제가 있어 보입니다. 어렸을 때 이런 세상을 상상하지 못했습니다. 제 머릿속에서 지식의 보고는 책으로 가득 찬 도서관이나 조금은 예스러워 보이는 개인 서재 정도였습니다. 지금도 인터넷은 필요하면 억지로 검색하는 정도이지 제대로 사용하고 있다는 느낌은 전혀 없습니다.

모든 것을 인터넷에서 배우고 알아내는 사람들을 저는 오늘도 부럽게 바라봅니다. 빠른 손놀림으로 전 세계 사이트를 누비며 쇼핑도 하고 정보도 알아내고 친구도 사귀는 것이 신기할 정도입니다. 저도 동참해야 한다고 생각은 하고 있습니다. 제가 좋아하는 사전이 정착민이라면, 인터넷은 유목민이라 할 수 있을 겁니다. 유목민은 한곳에 머물지 않고 신선한 목초가 있는 곳이라면, 언제든 그곳으로 이동하면서 삶을 꾸려 나갑니다. 저는 지식을 한곳에서 모아 새로운 것을 만들어 내는 것도 좋지만, 유목민이 그러는 것처럼 이동하면서 새로운 것을 접촉하고 그에 응하여 변하면서 끊임없이 충전하는 것도 좋다고 생각합니다. 어느 한쪽만으로 살 수 있는 시대는 지났으니까요. 이런 푸념조차 사실은 시대에 뒤진 것이겠지요. 지금은 인터넷이 중심이고 사전은 보조인 시대라고 보는 것이 더 맞지 않을까 합니다.

친구, 사람

버스에 앉은 어르신이 책을 보고 있습니다. 어린아이는 옆에 서서 아무 생각 없이 그 모습을 봅니다. 그런 일이 아침 버스에서 자주 일어납니다. 어느 때부터인지 어린아이는 어르신의 책을 유심히 봅니다. 빨간 만년필에서 빨간 잉크가 나와 매끄러운 책 위로 미끄러집니다. 멋있다는 생각이 듭니다. 세월이 지난 후 그 어린아이도 같은 동작을 하고 있습니다. 책에 빨간 잉크로 밑줄을 긋고 있습니다. 물론 그 어린아이는 접니다. 아마도 1960년대 후반일 겁니다.

그 어르신이 내리신 정류장으로 미루어 그분은 당시 서울 사대부고에서 근무하지 않았을까 짐작합니다. 사람들은 보통 사람에게서 많은 것을 배웁니다. 어깨너머로 배운다, 서당 개 삼 년이라는 말이 그래서 생겨났겠지요. 자신도 모르게 배우는 경우도 있고 인상적인 장면으로 배우는 경우도 있습니다. 그런데 자신도 모르게 배우는 것은 아무래도 기억하기 어렵습니다. 모르게 배웠는데 어떻게 기억하겠습

296

니까. 인상적인 장면을 몇 가지 더 소개하겠습니다.

재수 시절 제 짝꿍은 필기를 잘했습니다. 저는 그전까지 필기를 거의 하지 않는 편이었는데, 이 친구 옆에 앉은 후에는 필기를 시작했습니다. 세계 지리 시간이 특히 기억에 남습니다. 그 과목은 제가 보기에는 쓸데없는 것을 너무 많이 가르쳤고, 모두 외워야 했습니다. 그런데 그 친구는 판서 내용을 참으로 깨끗하고 멋있게 노트에 정리했습니다. 속으로 감탄했지요. 〈아, 필기는 그대로 옮겨 적는 게 아니구나, 자신만의 코드로 재정리하는 것이고 심지어 아름다울 수도 있구나.〉 그다음부터 저도 그 친구를 흉내 내려 애를 많이 썼습니다. 물론 그 친구만큼은 하지 못했지만, 큰 도움이 되었습니다.

또 이런 일도 있었습니다. 고등학교 때 친구 집에 놀러 갔습니다. 꽤 복잡한 골목을 돌아 돌아 갔는데 친구 방은 꽤 어질러져 있었습니다. 〈지저분하네〉라고 말하면서 앉아서 보니 밥상처럼 보이는 책상 위에는 수학 문제집과 갱지 더미가 있었습니다. 그 친구는 공책이 아니라 갱지에 문제를 풀고 다 풀면 그 갱지를 구겨서 방바닥에 던져 버리는 식이었습니다. 구겨진 갱지가 쌓여 방이 지저분해 보인 것이었지요. 저는 이 광경을 보고 〈수학 문제를 꼭 노트에 하나씩 정갈하게 풀 필요는 없구나, 자기 방식대로 할 수 있는데 왜

나는 한 가지만 있다고 여겼을까〉 하고 생각했습니다. 세상에는 여러 가지 방식이 있다는 것이지요.

사람을 통해 배우는 것이 실제로는 많습니다. 책이나 텔레비전이나 학교에서 많이 배우지만 사람에게 배우는 것이 아마도 가장 많지 않을까 싶습니다. 역시 고등학교 때입니다. 1학년 봄에 담임선생님 책상에 간 일이 있었습니다. 무슨 일로 갔는지는 전혀 기억에 없습니다만, 선생님의 작은 서가에 꽂힌 책은 생각납니다. 「손창섭 전집」이었는데, 〈도대체 누구길래 선생님이 전집으로 읽으실까?〉 하는 생각이 들었고 바로 도서관으로 갔습니다. 그 후 손창섭 팬이 되어 열심히 읽었습니다.

친구 따라 강남 간다고 우연히 지인이 새로운 세계의 입문 도우미가 되는 경우가 있습니다. 처음에는 친구를 따라갔으나 후에는 자신의 것이 되는 예입니다. 저의 경우에는 낚시입니다. 지인이 강원도로 놀러 가자고 해서 같이 갔는데 그 지인은 낚시광이었습니다. 빌린 낚싯대로 처음 시도했는데 덜컥 꽤 큰 고기를 잡았습니다. 그게 10년간 계속된 낚시 취미의 시작이었습니다. 어떻게 보면 우연일 수 있습니다. 하지만 시작은 우연일지라도 전개는 필연일 수 있습니다. 우연히 낚시를 접했지만, 낚시를 좋아하게 되는 것은 필연일 수 있다는 것이지요. 사람에게서 아니면 사람을 통해 배우는 것은 우연과 필연의 결합으로 보입니다.

인터넷이 멀리 있는 사람에게서 배우는 것이라면, 친구는 가까이 있는 사람에게서 배우는 것입니다. 고전이 멀리 있는 사람이라면, 지인은 가까이 있는 사람입니다. 책이 죽은 사람의 작품이라면, 이웃은 살아있는 환경입니다. 우리는 멀리 있든 가까이 있든 죽었든 살아 있는 사람에게서 배웁니다. 그런데 죽은 사람한테서는 열심히 배우려 하고, 살아 있는 사람은 별로 귀하게 여기지 않는다면 배움에서 커다란 부분을 놓치는 겁니다.

여행

건널목 앞에서 헷갈립니다. 〈차가 왜 이쪽에서 오지?〉 당황합니다. 곧 여기는 홍콩이라는 생각이 떠오르고 다시 길 오른쪽을 살핍니다. 외국 여행지에서 흔히 경험하는 일입니다. 차선이 우리와 반대인 나라들(일본과 영국 등)에서 피할 수 없는 일이지요. 피할 수 없다는 점에 주목할 필요가 있습니다. 여행이 우리를 자극하는 이유는 환경이 바뀐다는 겁니다. 홍콩에 가면 통행 방향이 바뀝니다. 제가 어떻게 할 수 있는 일이 아닙니다. 주어진 환경이지요. 날씨도 그렇습니다. 캄보디아 스콜과 습도는 주어진 환경입니다. 환경이 배움에서 의미가 있는 것은 배움은 환경에서 시작하기 때문입니다. 주어진 환경에 적응하기 위해 우리는 배웁니다. 셈이 필요하기에 셈을 배우고, 학교에 다녀야 하기에 그 생활에 적응하기 위해 여러 가지를 배웁니다. 그런데 시간이 흐르고 어느 정도 적응을 마치면 배움도 멈춥니다. 의식적으로 애쓰지 않아도 생활에 불편이 없기 때문입니다. 따라서 그날이 그날인 일상에 매몰되어 뇌가 자극받지 않아 배움은 별 진전이 없습니다.

여행은 환경을 통째로 바꾸기에 배움에 큰 자극이 됩니다. 특히 해외여행이 그렇습니다. 이는 너무 당연합니다. 마치 새로 태어난 느낌이 들지요. 말도 안 통하고 사람도 다르고 음식도 낯설고 모든 것이 다릅니다. 어떻게 해야 할지 막막하지요. 그래서 영어 하는 사람을 찾고 현지 가이드를 섭외하고 아니면 미리 공부합니다. 하지만 기본적으로 외국에 있는 것은 연극 무대에 자신도 모르게 배경이 통째로 바뀌어 버린 것을 알게 된 배우와 같은 상황입니다. 그런 당혹감으로 배우게 되는 것이지요. 모든 게 다르고 신기하지만, 전혀 모르기에 어쩔 수 없이 배우게 되는 것이 여행의 참맛입니다. 하지만 이런 여행은 너무 힘듭니다. 원하지 않은 배움을 전면적으로 하는 것은 부담이 크기에 사람들은 자신이 가본 곳으로 가려고 합니다. 아니면 현지 가이드를 구할 수 있기를 바랍니다. 즉 되도록 익숙한 곳이나 환경으로 가려는 것이지요. 하지만 이런 식으로 하면 자극은 줄어들게 됩니다. 익숙해지면 그곳은 더 이상 외국이 아닙니다. 그냥 그날이 그날인 일상이 되고 맙니다.

도쿄 시부야 한 식당에서 할머니가 소면을 간장에 적셔 먹는 장면을 본 적 있습니다. 반찬도 없이 그냥 삶은 소면을 간장에 담갔다 먹었습니다. 메밀국수 먹는 방식과 다르지 않았는데 그래도 신기했던 것은 메밀국수가 아닌 소면이라는 것이었지요. 이해는 안 갔지만, 인상 깊었습니다. 그런데 지금 제가 그렇게 먹고 있습니다. 더운 여름 담백하고 시원해서 좋습니다. 단무지를 곁들여 먹고 있다는 점이 그 할머니와 다를 뿐입니다. 또 도쿄에서 트램을 탔는데 승객 90퍼센트는 80세 이상으로 보였습니다. 제가 청년처럼 느껴졌습니다. 그런데 너무 노인이 많은 탓인지 누구도 자리에 앉으려 하는 것 같지 않았습니다. 물론 속으로는 앉고 싶겠지요. 하지만 환경 때문인지 그 문제에는 초연해 보였습니다. 많은 승객이 무거운 짐을 들고 있었지만, 이 역시 자신의 몫이라는 표정이었습니다. 저는 아직은 경로석에 앉을 나이는 아니지만, 앉는 것을 아예 머릿속에서 삭제해 버렸습니다. 그리고 가방은 옆자리가 비어 있어도 제 무릎에 올려놓습니다. 대비해야지요. 곧 닥쳐올 텐데 조금 미리 대비하는 게 적응에 도움이 되지 않겠습니까.

철학자 칸트는 평생 자기 지역에서 살았다고 합니다. 즉 지역 밖으로 여행 간 적이 없다는 거지요. 그렇다면 그는 여행에서 배울 수 있는 것을 놓친 걸까요? 대신 그는 내면을 최대한 계발했던 것으로 보입니다. 그는 매일 산책을 했습니다. 즉 집 밖으로 나간 것이지요. 아마도 매일 변하는 환경을 유심히 관찰했을 겁니다. 나뭇잎, 공기, 사람들, 날씨 등. 그는 우리에게 일상으로 보이는 것에서 큰 변화를 발견하고 자극받았는지도 모르겠습니다. 꼭 해외든 국내든 여행 가야 배우는 것은 아니라는 겁니다. 얼마나 예리한 관찰력과 풍부한 감수성으로 사소한 변화라도 민감하게 받아들이느냐가 문제인 것이지요. 하지만 이런 요구는 보통 사람에게는 지나치지요. 보통 사람은 칸트와 같지 않기에, 어쩔 수 없이 자극에 반응하여 배울 수밖에 없을 겁니다. 그런 기회를 제공하는 여행은 배움의 계기로 꽤 유효합니다.

공부는 미래를 대비하는 유일한 방법

학습과 본능

학습이란 〈배운다〉는 뜻과 〈익힌다〉는 뜻을 합한 말입니다. 즉 배우고 익힌다는 것이지요. 뜻을 명확히 한다기보다 재미로 어원을 잠깐 살펴보겠습니다. 사실 말이란 시간이 지나면 의미와 쓰임새가 변하는 것이 보통이기에 처음에는 이런 뜻이었다는 것은 그냥 재미일 뿐입니다(아니면 학문적 과제이겠지요). 여기서도 물론 재미입니다.

학(學)은 집 안에서 두 손으로 아이가 새끼로 매듭 짓는 법을 배우는 모습을 그린 것이라고 합니다. 새끼로 매듭을 짓는 것은 문자가 만들어지기 전 기억의 보조 수단이었다고 합니다. 그 방법을 아이가 배우는 것이지요. 요즘과 별로 다르지 않네요. 옛날에는 지금과 같은 학교가 없었을 테니 집에서 배운다는 것도 일리가 있어 보입니다. 어쨌든 〈학〉

은 모르는 것을 배운다는 의미로 해석하면 될 것 같습니다.

그럼 〈습〉은 어떤가요? 습(習)은 우(羽)와 일(日)을 합한 글자로, 어린 새가 오랜 기간 반복해 날갯짓을 익히는 모습을 그린 것이라고 합니다. 즉 일(日)이란 시간을 의미하므로 날갯짓[羽]을 오랜 시간 반복한다는 뜻입니다. 같은 동작을 반복하여 제 것으로 만들려는 것을 보통 익힌다고 합니다. 따라서 〈습〉은 익힌다는 뜻입니다. 이렇게 하면 학습(學習)이란 배우고 익힌다는 의미일 겁니다. 우리가 아는 말로 돌아왔습니다.

재미로 살펴보았지만, 배운다는 것과 익힌다는 것이 구분된다는 사실을 알 수 있습니다(두 개념은 다른데 착각하기 쉽습니다). 즉 학습이란 〈배우고 익힌다〉는 뜻임을 새삼 확인합니다. 곱셈을 배웠으나 집에서 익히지 않으면, 아무 소용없습니다. 영어 문법을 배워도 익히지 않으면 역시 마찬가지입니다. 배우는 것은 익히는 것의 전 단계일 뿐입니다. 그런데 사람들은 배우면 그것으로 끝나는 것처럼 착각합니다. 그리하여 몸에 밸 때까지 반복해서 연습하라고 하면 잔소리로 알고 공부 스트레스가 심하다고 불평합니다. 제가 보기에는 공부 스트레스라고 하기에는 이릅니다. 배우고 익히고 나서도 계속 압박을 가한다면, 그때는 불평할 수도 있겠지요. 하지만 보통의 경우 별로 반복하지도 않고 한두 번 해보고는 다했다고 합니다. 이 경우 배움과 익힘을 구별하지 못하는 겁니다. 이것이 배움(공부)의 기초입니다. 물론 이 경우 배움은 학과 습을 합한 개념입니다.

그런데 배움은 학과 습 즉 배우는 것과 익히는 것으로는 완성할 수 없습니다. 하나 더 필요한데 그것은 능력입니다. 즉 배우고 익혀서 실제로 할 수 있어야 합니다. 자전거 타기를 배우고 반복해 익힌 다음 스스로 탈 수 있어야 자전거 타기가 완성됩니다. 방정식을 배우고 반복해 연습하고 시험에서 제대로 풀 수 있어야 방정식을 배운 것입니다. 여기서도 재미로 능력의 어원을 한번 보겠습니다.

능력의 능(能)은 어원이 곰의 모습이라고 합니다. 지금은 글자 모양이 많이 변했는데 어쨌든 곰을 그렸다고 합니다. 곰의 가공할 힘과 용맹을 나타낸 것입니다. 력(力)은 원래 쟁기 모습이라고 합니다. 즉 힘을 나타내지요. 따라서 능력은 힘을 나타냅니다. 즉 무엇을 할 수 있는 힘이라는 것이지요. 능력의 어원까지 살펴보니 학습 능력이란 단어가 새삼 눈에 띕니다. 배우고 익혀서 할 수 있어야 한다는 뜻으로 말이죠. 이것이 배움의 뜻이겠지요.

배움의 뜻을 살펴보았으나 좀 더 명확하게 이해하기 위해서는 본능이 무엇인지를 알아볼 필요가 있습니다. 우리가 배우려는 것은 사람의 본능인가? 하는 질문입니다. 보통 본능은 타고난 것이라고 합니다. 즉 후천적으로 변하지 않는다는 의미입니다. 사람의 식욕이 대표적인 예입니다. 누구에게 배워서도 아니고 노력해서도 아니라 그냥 태어날 때부터 갖고 있는 것입니다. 그런데 전문가에 의하면, 본능은 상당히 복잡하다고 합니다.

니콜라스 틴베르헨은 1973년 노벨생리의학상 수상자입니다. 그는 배움이란 외부 세계 영향으로 타고난 행위 메커니즘에 다소간 지속하는 변화를 일으키는 중추신경 과정이라고 합니다. 정확히는 무슨 말인지 몰라도, 아마도 배우면 무엇인가 달라지는데 이것은 순간적으로 생겼다 사라지는 것이 아니라 일정 기간 지속한다는 말로 들립니다. 그는 배움의 정의가 어렵다며 여러 가지 이유를 나열합니다. 그러면서 배움과 자연스러운 성장을 구별합니다. 즉 키가 자라는 것은 자연스러운 성장입니다. 노력해서 자란다기보다는 때가 되면 자라는 것이지요. 즉 시간이 지나면 자연스럽게 이루어지는 것이 자연스러운 성장입니다. 그렇다면 배움은 자연스러운 성장은 아닙니다.

새는 하늘을 자유롭게 납니다. 새가 나는 것을 보면, 본능으로 보입니다. 타고날 때부터 날 준비가 되어 있고 때가 되면 자연스럽게 날 것처럼 보입니다. 하지만 그렇지 않다고 합니다. 나는 성향을 지닌 채로 태어나는 것은 맞지만, 날기 위해서는 부단히 연습해야 한다고 합니다. 새가 날기 위해서는 연습을 해야 한다니 이상하기는 합니다. 하지만 현실에서 새는 나는 연습을 하다가 죽기도 합니다. 또 어떤 새는 배워야 노래를 한다고 합니다. 수컷 종달새, 나이팅게일, 되새, 오색방울새 등이 그렇다고 합니다. 즉 모방으로 노래를 배운다는 겁니다. 원숭이는 나무타기 연습을 하다가 죽기도 합니다. 다윈은 벌이 집 짓는 행위를 본능이 아니라 학습 결과라고 했습니다. 보기와는 다릅니다. 본능처럼 보이지만 사실은 배움의 결과인 것이 생각보다 많아 보입니다.

틴베르헌은 배움은 타고난 기능에 변화를 일으킨다고 말합니다. 많은 동물은 특별한 것을 배우려는 성향을 타고납니다. 새는 날고자 하는 성향을 타고나지만, 배움으로 놀라운 비행을 하는 것이지요. 사람은 이성을 사용하는 성향을 타고나지만, 배움으로 놀라운 문학 작품을 씁니다. 왜 누구는 명작 소설을 쓰는데 왜 누구는 편지 한 장도 제대로 못쓰는가는 배움에 달려 있다고 해야겠지요. 물론 그도 배우는 능력에는 상당한 제한이 있다고 말합니다. 즉 누구나 똑같은 노력으로 똑같은 성과를 거두는 것은 아니라는 것이지요. 하지만 너무 복잡하기에 그 과정을 해명하기는 쉽지 않아 보입니다. 어쨌든 배우면 타고난 기능에 변화가 생기는 것은 확실합니다. 얼마나 배워야 하고 무엇을 배워야 하는지는 잘 몰라도 배우면 기능에 변화가 생깁니다.

배워서 생기는 기능 변화가 우리 인생을 바꿉니다. 글을 읽을 수 있으면, 세상이 달라 보입니다. 수영하게 되면 바다가 다시 보이고 여름이 더 즐거워지겠지요. 영어를 잘하면, 미국 여행이 더 편안할 겁니다. 원하는 대학에 가면 더 자신을 자랑스럽게 여기겠지요. 돈을 잘 벌면 인생이 더 신날 겁니다. 무엇인가를 할 수 있다면, 사는 맛이 더 날 겁니다. 배움이란 배우고 익혀서 중추신경 과정에 다소간 지속하는 변화를 일으켜 무엇인가를 할 수 있게 합니다. 인생을 더 살맛나게 하는 과정이라고 할 수 있습니다. 즉 배우면 인생이 변하고, 사는 재미가 더 커진다는 것이지요.

미래를 대비하는 유일한 방법

앞서 학(學)을 아이가 새끼로 매듭 짓는 모습이라고 어원을 설명했습니다. 그런데 시라카와 시즈카의 또 다른 해석에 따르면, 학은 지기 형식으로 지어진 건물의 형상이라고 합니다. 여기에서 지기란 X 자 모양으로 하늘로 돌출된 나무를 말합니다. 이 글자는 고대 사회에서 씨족의 젊은이들을 수용해 일반인과 격리해 특별한 교육을 받게 한 기관을 나타내며, 이른바 비밀결사대나 청년조합이라고 할 수 있습니다. 일정한 나이가 되면 젊은이들은 이곳에서 씨족의 영광스러운 전통과 여러 의식, 씨족 생활에 관한 교육을 받았다고 합니다. 이 해석에서 제가 주목하는 것은 학을 특별한 교육과 연관시킨다는 겁니다. 즉 젊은이를 모아놓고 여러 가지를 가르쳤는데, 일반인과 격리된 특별한 젊은이만 가르쳤다는 것입니다. 아마도 젊은이들이 미래를 담당하고 있기 때문이었겠지요. 가르친 것은 씨족의 전통, 의식, 그리고 생활에 관한 것으로 생각합니다. 씨족의 미래를 대비한 것이겠지요. 미래에도 전통을 이어 가야 하고 그러기 위해서는 여러 의식을 익혀야 합니다. 또 사는 데 필요한 기술도 갈고닦았을 겁니다.

저는 이런 교육은 지금도 필요하다고 여깁니다. 왜냐하면 미래를 헤쳐 나갈 수 있는 유일한 방법은 공부밖에 없기 때문입니다. 지금 보면 고대 사회는 비교적 단순해 보입니다. 하지만 그것은 지금 우리 기준으로 보아서 그렇다는 것일 뿐, 당시에는 복잡하고 과제가 많은 사회였겠지요. 그런 사회의 미래를 대비하기 위해 젊은이를 모아 가르친 것입니다. 우선 전통을 배우고 익혀서 과거를 흡수합니다. 그리고 지금의 생활양식을 배웁니다. 그렇다면 미래는 어떻게 대비해야 하나요?

미래는 예측할 수는 있으나 정확히 어떤 모습일지 그래

서 무엇이 필요할지는 아무도 모릅니다. 100년 전쯤에는 자동차 운전사가 일등 신랑감이었다고 합니다. 이제는 자율 자동차가 등장했습니다. 제가 어렸을 때는 주산학원이 성업이었습니다. 너도나도 주산학원에서 취업을 준비했습니다. 계산에 유용했으니까요. 요즘은 프로그램으로 합니다. 예전에는 편지를 주고받으면서 소통했지만, 지금은 휴대폰으로 세계 어디든 소통합니다. 이런 변화를 예측하고 대비한다는 것이 가능할까요? 저는 아니라고 봅니다. 하지만 주산학원 다니던 열정으로 프로그램을 배우고, 편지 쓰는 방법을 익히는 끈기로 휴대폰 사용법을 익힙니다.

아무리 세상이 변하고 그 속도가 빠르다 해도, 배우는 자세나 기본 태도는 변하지 않습니다. 미래를 대비하려면, 이 기본 태도를 배우고 익히는 것이 거의 유일한 방법입니다. 끈기, 실수를 인정하는 유연한 자세, 겸손, 모르는 것은 묻는 정직함, 남을 인정하는 마음, 나이가 어린 사람에게도 배우는 자세, 새로운 것을 두려워하지 않는 자세, 그리고 이 책에서 제시한 많은 배움의 방법들. 즉 시대가 바뀌어도 배움의 자세는 크게 변하지 않는다는 것이지요. 다만 과학의 발달과 사회 환경의 변화로 더 효율적인 방법을 알게 된 것뿐입니다.

무엇으로 미래를 대비할까, 어떤 전공을 해야 살아남을

까, 아니면 어떤 기술을 배워야 편할까를 고민하기 전에, 어떤 자세를 가져야 살아남을까를 먼저 고민하는 것이 더 나아 보입니다. 즉 어떤 자세로 배우고 익혀야 대상이 바뀌고 환경이 바뀌어도 새로운 것 그리고 그 시대에 필요한 것을 더 효율적으로 배워 적응할 수 있을까를 생각해야 한다는 것입니다. 아, 그리고 한 가지가 빠졌군요. 어느 책에 이런 말이 있더군요. 배움은 때때로 외롭다고. 즉 외로움을 견뎌낼 수 있어야 배울 수 있습니다. 배움과 외로움은 항상 같이 다닙니다. 예외는 없어 보입니다. 결국은 혼자 할 수밖에 없습니다. 물가에 가는 것은 도움을 받을 수 있어도 스스로 하지 않으면 물을 먹을 수 없습니다. 자신의 몫이지요. 다양한 지식과 필요한 기술을 갖추고 싶다면, 남보다 더 외로움을 많이 견딜 각오를 해야 합니다. 단군신화의 곰을 다시 한번 생각해 보시길 바랍니다. 그는 외로움을 견뎌 내 결국은 성공합니다.

궁리 편집부,『세계만물그림사전』, 궁리, 2007

시라카와 시즈카,『한자의 기원』, 윤철규 옮김, 이다미디어, 2009

어니스트 헤밍웨이,『헤밍웨이의 말: 은둔 시절의 마지막 인터뷰』, 권진아 옮김, 마음산책, 2017

오에 겐자부로,『말의 정의』, 송태욱 옮김, 뮤진트리, 2014

오에 겐자부로,『오에 겐자부로 작가 자신을 말하다』, 윤상인·박이진 옮김, 문학과지성사, 2012

오에 겐자부로,『읽는 인간』, 정수윤 옮김, 위즈덤하우스, 2015

오에 겐자부로,『회복하는 인간』, 서은혜 옮김, 고즈윈, 2008

오에 겐자부로, 후루이 요시키치,『오에 겐자부로의 말』, 송태욱 옮김, 마음산책, 2019

하영삼,『한자어원사전』, 도서출판3, 2018

加納喜光, 漢字語原語義辞典, 東京堂出版, 2014

Barbara Oakley & Terrence Sejonowski, *Learning how to learn*, TarcherPerigee Book, 2018

David & Ben Crystdal, *Oxford Illustrated Shakespeare Dictionary*, Oxford University Press, 2015

Ernest Hemingway, *Ernest Hemingway: The Last Intervies and Other Conversations*, Meville House Publishing, 2015

Franz Kafka, *Diaries, 1910-1923*, Schocken Books, Inc.,1948

Franz Kafka, *Letter to the Father,* Schocken Books, Inc., 1953

George Orwell, *A Life in Letters, selected and annotated by Peter Davison,* Liveright Publishing Corporation, 2010

Matthew G. Rhodes, Anne M. Cleary, Edward L. DeLosh, *A Guide to Effective Studying and Learning,* Oxford University Press, 2020

Nikolaas Tinbergen, *The Study of Instinct,* Oxford University Press, 1989

Peter C. Brown, Henry L. Roediger III, Mark A. McDanel, *Make It Stick: The Science of Successful Learning,* The Belknap Press of Harvard University Press, 2014

Samuel Beckett, *Samuel Beckett: The Critical Heritage,* L. Graver and R. Federman, Routledge, 1979

Wittgenstein, *Wittgenstein in Cambridge: letters and documents 1911-1951,* edited by Brian McGuinnes, Wiley-Blackwell, 2012

지은이 **탁석산** 매일 공부하는 철학자. 1956년 서울에서 태어나 서울대학교에서 1년 자연과학을 배운 후, 한국외국어대학교에서 영어, 철학을 공부하여 철학박사 학위를 받았다. 2000년 〈한국의 정체성이란 무엇인가〉를 도발적으로 되물으며 사회에 큰 반향을 불러 일으켰으며, 꾸준히 책을 쓰고 강연하면서 가끔 방송에 얼굴을 보이곤 한다.

주요 저서로는 『한국의 정체성』, 『오류를 알면 논리가 보인다』, 『철학 읽어 주는 남자』, 『탁석산의 한국의 민족주의를 말한다』, 『탁석산의 글쓰기』, 『대한민국 50대의 힘』, 『한국인은 무엇으로 사는가』, 『성적은 짧고 직업은 길다』, 『준비가 알차면 직업이 즐겁다』, 『행복 스트레스』, 『달려라 논리』, 『탁석산의 한국의 정체성 2』, 『한국적인 것은 없다』 등이 있다.

탁석산의 공부 수업

발행일 **2022년 3월 10일 초판 1쇄**

지은이 **탁석산**
발행인 **홍예빈·홍유진**
발행처 **주식회사 열린책들**

경기도 파주시 문발로 253 파주출판도시
전화 031-955-4000 팩스 031-955-4004
www.openbooks.co.kr